© Vicente Ruiz, 2017

Primera edición: Noviembre de 2017
Segunda edición: Junio de 2018

Cualquier forma de reproducción, distribución, comunicación pública o transformación de esta obra solo puede ser realizada con la autorización de sus titulares, salvo excepción prevista por la ley.

Dejar de llamarte

VICENTE RUIZ

*A la memoria de mi abuela,
con todo el amor de mi corazón.*

A mi madre, Pilar de mi vida.

ÍNDICE

Primera parte *9*

Segunda parte *75*

Tercera parte *143*

Agradecimientos *211*

Primera parte

—No, hija. A nosotras nunca nos preguntó nadie qué queríamos en la vida. Hicimos lo que teníamos que hacer: casarnos, tener hijos y criarlos. Y fregar.

Tuve aquellas palabras rondando mis pensamientos durante varios días. Había llamado a mi tía abuela una tarde de primavera en que me sentía ociosa e inquieta y, mientras buscaba por la casa algo con lo que entretenerme, caí en la cuenta de que hacía dos semanas que no habíamos hablado. Como siempre, después de estar un buen rato preguntándome por todos los miembros de la familia, atacó con el tema de los amores. Yo ya me lo tomaba con humor y le respondía lo de siempre: *"Tía, estoy bien como estoy"*. Con según qué preguntas, que terminan siendo recurrentes, lo mejor es ser clara; aunque las mujeres de la generación de mi tía no se dan por vencidas: vuelven al mismo punto una y otra vez. Lo sé también por mi vecina: insisten, como si fuese lo más importante que resolver en la vida, no sea que te quedes para vestir santos.

De ahí, la conversación derivó hacia las prioridades de las mujeres en la actualidad, en general, nada que ver con las de su juventud. Fue entonces cuando me espetó esa sentencia que me dejó ver a las claras una extraña melancolía. A ella nunca le preguntó nadie qué quería en la vida. ¿Le habría gustado estudiar una carrera? ¿En qué habría querido trabajar? ¿Se casó con el hombre que amaba? ¿O aprendió a amar al hombre con el que se casó? ¿Decidió tener los hijos que tuvo? ¿Cuánto tiempo de su vida se había dedicado a sí misma?

Pensé en mi abuela. Había fallecido seis meses antes. Era bastante mayor que mi tía y su vida aún había sido más dura. Al menos, mi tía sabía leer y escribir. En cambio, su hermana, al ser la primogénita, en aquella España rural, pobre y hambrienta que era Aragón a principios del siglo XX, había tenido que dedicarse a criar a sus hermanos, ya que sus padres trabajaban el campo, por lo que no fue al colegio y se convirtió en parte de una de las últimas generaciones de analfabetos de la historia del país. Fue una lacra que mi abuela siempre llevó mal. Una vez, siendo yo pequeña, quise enseñarle a escribir. Le puse delante una hoja con el abecedario para que, al menos, se atreviese con su nombre. Casi me la pone de sombrero. Era terca como una mula. *"Yo ya soy vieja para aprender"*, decía. Aún no había cumplido los setenta entonces, pero mi abuela era vieja desde que murió su hijo mayor, quince años antes de que yo naciese. Al menos, en algún momento de su vida, fue lo bastante flexible como para aprender a leer, con toda la paciencia que ello debió suponerle a mi abuelo. Tengo su imagen en la retina, ahora mismo, como si fuese ayer, susurrando entre los dientes los rótulos que iban apareciendo al pie de la pantalla del telediario, como quien reza el rosario a solas en la penumbra de una iglesia.

—La libertad que tenemos ahora también se paga, tía —le digo tras haberle resumido lo difícil que es todo, por lo mucho que se espera de nosotras, en la vida familiar y en la profesional, a pesar de que haya habido cambios.

—Ya lo sé, hija. A ver si tienes suerte.

Se despidió con el compromiso de que la próxima vez llamaría ella. Y varios días después continuaba repasando aquella parte de la conversación, como si esperara encontrar en ella alguna pista sobre mi futuro, que era más incierto de lo que había sido nunca, si es que alguna vez mi porvenir se había revelado con claridad. Pasaba los días dedicándome a la casa, limpiando, ordenando, recolocando, planeando cambios que fuesen asequibles. Pensaba mucho en mi abuela. Y en lo mucho que echaba de menos las oportunidades perdidas, el tiempo que no pasé a su lado, los paseos que nunca dimos, todo lo que jamás fue ni será ya. Al final me consuelo pensando en que hice todo lo que pude. No siempre querer es poder. A veces puedes todo lo que quieres; otras, no puedes una cosa porque necesitas más otra. Supongo que, después de todo, al final estaba aquí y aquí es donde ella me sentía y con eso bastaba. Tal vez sea eso lo que quiero terminar de creerme para poder seguir adelante.

Con un cierto desasosiego en el ánimo, salgo al balcón y me enciendo uno de los escasos cigarrillos que fumo de uvas a peras. Me quedo contemplando el anochecer de Valencia y pienso en todo el tiempo que ha transcurrido desde que, siendo bien pequeña, me despertaba por las noches y me asomaba a aquel mismo mirador para ver pasar los coches y contar los segundos que tardaban en cambiar las luces de los semáforos. Alguna vez me pilló mi abuela, en una de sus excursiones nocturnas al baño, tras comprobar, perpleja, que la puerta de la pequeña terraza estaba bien abierta, siendo que ella la había cerrado antes de acostarse. Y allí estaba yo, sentada en una esquina, con la cara entre los barrotes, imaginándome al volante de un Seat Ibiza rojo, pasando por delante de aquella atalaya y saludándome a mí misma; contando *mississipis* entre la luz roja y la verde, la verde y la ámbar, la ámbar y la roja; adivinando las líneas que trazaban las viejas antenas que tocaban el cielo desde los tejados de los edificios de enfrente y que, de noche, eran apenas perceptibles; criándome como ave nocturna en una cáscara de huevo imaginaria en la que sólo me sentaba las noches que no podía dormir, allí mismo, en el nido que era este palco donde me fumo ahora el cigarro.

Dejo que el aire me seque las mejillas. Recordar, a veces, termina irremediablemente en llanto. Cada vez que salgo a este balcón, es inevitable, vuelven las noches de mi infancia en que simulaba un sueño que no era real hasta que mi madre se quedaba dormida; entonces, sorteaba su cuerpo saltando sobre la cama nido, con la agilidad y el sigilo propios de los niños; finalmente, encaraba el pasillo, entraba al comedor, abría la galería con la cautela de los ladrones en las películas y salía a la intemperie, dejando tras de mí la puerta un poco abierta, para poder volver a entrar cuando quisiera. *"¿Qué haces ahí?"*, preguntaba mi abuela. No esperaba una respuesta. En la interrogativa se ocultaba la invitación *"Ven a dormir con la yaya"*; mientras, me cogía de la mano. A la mañana siguiente, mi abuela amanecía en otro sitio porque, decía, yo había molido sus piernas a patadas en la cama. *"Lo quieta que eres de día y no paras de noche"*, renegaba.

Entro de nuevo al salón y busco un cenicero donde aplastar la colilla. La Tula se pone en pie y empieza a menear su cola peluda. Es una perra preciosa, de cuerpo blanco con manchas marrones y cabeza marrón con motas blancas, orejas caídas y ojos castaños. Barrunta que el momento de su ansiado paseo está cerca y me sigue a lo largo del pasillo hasta el dormitorio. Me quito la camiseta vieja, que junto con las bragas es la única prenda que uso para estar en casa, y me pongo los vaqueros y la blusa. La señal definitiva es calzarme. Entonces, la Tula da vueltas sobre sí misma al tiempo que corre hacia el recibidor con total disposición a disfrutar de su salida. Sonriendo, cojo su correa, mi móvil y las llaves.

Éste es un barrio humilde. En los años cincuenta aún escaseaba el pavimento y los bloques de viviendas semejaban islas perdidas en medio del mar de huerta y acequias propias de esta tierra. Ya no queda nada de eso. Cada vez que encuentro alguna de esas fotografías en tono sepia donde se retrata esta zona en aquellos tiempos, me cuesta identificar el entorno. La avenida no era tan ancha y el hospital se erguía majestuoso rodeado de arboledas. Ahora ha quedado encerrado entre el tráfico del cruce en que se encuentra y los edificios de las calles colindantes; y a las arboledas les han ganado la partida las amplias aceras adaptadas para los peatones, que acuden en manada entre la parada de taxis, la de autobuses y la estación del metro. Es curioso cómo se perciben de distintos los tamaños de las cosas según sea lo que las rodee.

La primera parte de mi vida se desarrolló en las calles de este barrio. En las mañanas de invierno, salía perezosa y somnolienta, medio escondida entre la capucha del anorak rosa y la bufanda de lana blanca, cogida de la mano de mi abuela camino del colegio, siempre con la esperanza de que hubiese pasado alguna catástrofe: un escape de gas, un incendio, una inundación; y que, al llegar, Rosalía, la conserje, nos dijese que ese día no habría clase y que podíamos volver a casa. Por supuesto, ese sueño nunca se cumplió. Y cada mañana arrastraba los pies por las calles, unos pasos por detrás de mi abuela, mirando a través de las ventanas de las plantas bajas, que en este barrio son viviendas, a las señoras con rulos en el pelo que, embutidas en sus batas de boatiné, se tomaban el café con leche delante de la tele, al abrigo de la estufa. Me daban envidia, cobijadas en el hogar, al resguardo de un frío húmedo que calaba los huesos y que ha ido menguando con el paso de los años. Ni siquiera el horno de Ricardo, un oasis cálido con aroma a pan, *croissants* y magdalenas recién cocidos, donde me compraba mi abuela el almuerzo, mitigaba el gélido sopor con el que andaba a cuestas todas las mañanas hasta llegar al colegio.

Los veranos eran muy diferentes, sin embargo. En los pequeños jardines que separan los edificios, los bancos de madera se llenaban de vecinas que echaban la tarde a la fresca, a la sombra de los árboles, a pesar de los picotazos de los mosquitos que revoloteaban por allí, atraídos por los arbustos y demás follaje en pleno esplendor estival. Mi abuela era una de esas vecinas. Terminado el curso escolar, a media tarde bajábamos al patio, donde también se sentaban las Amparines y las Teresas; y mientras ellas hablaban de los precios de las cosas en el mercado, de la vecina ausente y de la viuda reciente, sus nietos, Vicente, Samuel y yo, jugábamos en aquel patio que imaginariamente convertíamos en castillo, con sus almenas y su muralla, protagonizando, como si fuésemos tres de los cinco de Enid Blyton, aventuras y resolviendo misterios ocultos durante milenios.

Aquellas tardes de verano cogíamos las bicicletas y nos íbamos a dar vueltas a la manzana, como si aquello supusiese recorrerse media ciudad; cuando los nubarrones se amontonaban sobre nuestras cabezas y relampagueaba anunciando tormenta, contábamos los segundos que tardaban los truenos en oírse. *"Cuando caigan dos rayos a la vez, empezará a llover"*, dijo una vez Vicente. Y así fue, cayeron gotas del tamaño de las monedas de cinco duros, gotas que se evaporaban al tocar el suelo caliente de finales de julio y que, lejos de refrescar, aumentaban la sensación de bochorno tan característico del estío valenciano. Al anochecer, las sombras nos permitían jugar al escondite, entre mordisco y mordisco al bocadillo de solomillo con tomate que me había preparado mi abuela. Sin duda, de aquellos veranos transcurridos en este barrio, guardo algunos de los mejores recuerdos de mi infancia.

Siempre me gustó mucho la noche. Supongo que de pequeña me podía la curiosidad por saber qué sucedía mientras todos descansaban. ¿Cobraban vida los objetos? ¿Se paraba el mundo? ¿Realmente dormían todas las personas? ¿Cómo era la transición de la noche al día? Ésas eran las dudas que asaltaban a mi inquieta mente infantil. Y por eso emprendía aquellas aventuras nocturnas con destino al balcón, para fisgonear, para comprobar que la vida seguía, que por la noche había gente despierta metida en sus coches, vagando solitaria por la avenida o, incluso, en sus viviendas de los edificios de enfrente, delatada por las luces encendidas de sus estancias.

La primera vez que vi el amanecer me quedé sorprendida al comprobar que no se hacía de día porque el sol se encendiese de repente, como si fuese un plafón en el techo de una habitación a oscuras. Era tan pequeña que ni siquiera era consciente de que el sol se levanta por el este y se pone por el oeste, ni de que, de la misma manera que el ocaso es paulatino, también lo es el alba.

Me enfurruñaba que mi madre y mi abuela me mandasen a dormir mucho antes que ellas, por eso me encantaban las noches de los viernes y los sábados, cuando, además, podía disfrutar de la compañía y del juego con mi madre más que el resto de la semana. Veíamos el *1, 2, 3* en la tele y jugábamos al ajedrez en el sofá. Después me acostaba y ella se quedaba en el salón, normalmente cosiendo o leyendo. Una noche no conseguía dormirme y decidí darle un susto. Caminé despacio y silenciosa por el pasillo hasta la puerta del salón. Rauda, pero discreta, me escondí entre las patas de las sillas que rodeaban la mesa. Pude ver que mi madre levantaba la mirada, aunque en otra dirección. Supongo que oyó algo, pero no estaba segura de haberlo soñado despierta. Mi abuela dormía en su dormitorio, contiguo al comedor. Desde detrás de las sillas, salí veloz pero sigilosa, salvando la poca distancia que había hasta el sillón. Me asomé como si fuese una espía que tuviese que recabar toda la información visual posible. Mi madre, ya mosqueada, miraba hacia las patas de las sillas entre las que había estado yo segundos antes; escondida detrás del sillón, contenía la risa como podía. Cuando vi que mi madre volvía a relajarse y a concentrarse en su tarea, di un salto pegándole un susto de muerte. No era una niña muy granuja, pero no dejaba de ser una niña.

Siendo ya un poco más mayorcita, solía levantarme a ver los partidos de la NBA. A mi abuela siempre le gustó ver los deportes en la tele. En este sentido, la afición de mi madre se limitaba al baloncesto. Era la época de Corbalán, Iturriaga y Romay en el Real Madrid; Epi y Solozábal en el Barcelona; y Villacampa y los hermanos Jofresa en el Joventut de Badalona. No se retransmitían partidos de otros equipos y aún faltarían unos años para que el entonces Pamesa Valencia subiera a la ACB. Veíamos los partidos las tres juntas, como verdaderas *hooligans*, aplaudiendo, metiéndonos con los árbitros y saltando con cada triple. Tenía entre ocho y diez años cuando descubrí la magia de Johnson, el tino de Bird, el vuelo de Jordan, el culebreo de Isiah Thomas.

Por la noche no se para el mundo, pero sí se toma un respiro. Bajan las revoluciones, aminora el paso, disminuye el volumen del ambiente y se crea una intimidad única para ciertas cosas que no se pueden hacer de día. Abrirse en canal por la radio, como hacían los oyentes de *Hablar por hablar*, por ejemplo; escribir cartas donde se cuente mucho más que lo que se ha hecho durante el día; dejarse llevar por la lectura de algún apasionado crimen; estudiar los exámenes de la selectividad.

Trabajar. Como trato de hacer en la actualidad, devanándome los sesos con la intención de escribir cuentos infantiles. Aunque, de momento, en propósito se queda. Mientras, continúo buscando trabajo como profesora de lengua y literatura, que es lo que soy realmente. No es fácil tras estos últimos años de crisis económica y los consecuentes recortes, pero procuro no desanimarme y sigo abierta, como siempre, a continuar enriqueciendo mi currículum con una bonita colección de bajas y sustituciones a cubrir. Que viva el mundo docente.

Es tarde, hace varias horas que he cenado y, tras un rato de lectura, me dispongo a abrir el portátil y sentarme a escribir. He ideado una serie de varios capítulos que, considero, puede ser original y tener tirón. Pero aún debo añadir algunos más, corregirlos, repasarlos y rematarlos, además de encontrar un dibujante que los ilustre. *"No te da por los retos fáciles, soñadora sin remedio"*, me digo. Y con la fe puesta en la visita de alguna musa a lo largo de la madrugada, abro el documento y comienzo a teclear.

Reside una magia especial en la escritura muy parecida a la del alfarero que trabaja la arcilla en el torno. Tomas las ideas, las emociones, los hechos, los personajes, el mundo, la vida; las amasas ideando los escenarios mientras les das vueltas en la mente, buscando las palabras; y finalmente empiezas a trabajar con las manos, dándole forma a las oraciones, seleccionando con cuidado el texto, que no quede rudo, pero tampoco ostentoso; que no sea excesivo, pero no se quede vacío; que sea elegante y sencillo, pero sin olvidar su función.

La primera vez que escribí algo fue un cuento sobre un pajarito. No recuerdo mucho más, salvo que estaba escrito a mano con bolígrafo azul sobre hojas de papel amarillo y que las ilustraciones las dibujé yo. No se me da mal dibujar, pero hace mucho tiempo que no lo hago y, en realidad, si tengo algo de calidad es replicando al carboncillo. No soy creativa para el dibujo, por eso desisto de ser la ilustradora de mi propio proyecto. El cuento del pajarito lo escribí a los siete años y con él gané el segundo premio en el concurso de literatura del colegio.

Quedaría muy bien decir que escribo desde entonces, pero estaría mintiendo como una bellaca. En mi infancia dibujé, leí, solfeé y bailé mucho más de lo que escribí. Si consideramos, además, mi atracción por la vida nocturna, resulta evidente que mi naturaleza es muy bohemia, con una clara tendencia hacia las artes y las letras mucho mayor que hacia cualquier otra cosa. Esta parte de mí proviene, por un lado, de una mezcla de gustos cultivados por mi madre, estudiante en la escuela de artes y oficios durante dos años, pintora amateur y aficionada a la música clásica; y, por otro lado, del amor por los libros y sus historias, amigos que vienen acompañándome desde pequeñita y en los que he encontrado siempre un cálido refugio, otra familia, otro hogar y la libertad de ser yo misma, como una parte más entre sus páginas.

Mientras mi madre pintaba, óleo sobre lienzo, cuadros que acabarían adornando las paredes de las casas de nuestros familiares, yo dibujaba, plastidecor sobre papel, diferentes escenas de la vida cotidiana tales como concursos de la tele, el mercado del barrio o partidos de baloncesto. De fondo, lo mismo sonaba Barbra Streisand que Serrat o María Callas. Mantengo vívidas las imágenes de mi madre, con la paleta en la mano izquierda, sopesando por dónde atacar el lienzo reposado sobre el caballete, en medio de la habitación que ahora es mi dormitorio; al tiempo que yo derrochaba hojas, sentada en la mesa camilla con faldones, que había junto a la antigua máquina de coser Singer, que una vez perteneció a mi bisabuela y en la que tanto mi madre como mi abuela habían confeccionado casi toda mi ropa de bebé.

El descubrimiento de la música no tardó en derivar en pasión absoluta, aunque duraría poco. Uno de los primeros libros que tuve en mi biblioteca particular fue *Historia de la música en cómics*, de Bernard Deyries, Denys Lemery y Michael Sadler, un ejemplar que aún conservo con cariño. Recibí clases particulares de solfeo durante un par de años con un señor que había sido percusionista en una banda municipal. Fue todo lo lejos que llegué. Tenía un piano de juguete en el que sacaba de oído melodías sencillas como parte de un juego que yo misma había creado. Cuando, a los siete años, me pusieron por primera vez delante de un piano vertical de verdad, casi no me lo podía creer. Por aquel entonces ya había averiguado las notas de la melodía principal de la *Para Elisa* de Beethoven, sólo que en otra tonalidad. La dueña del piano me enseñó la original. *"¿Por qué no la llevas al conservatorio?"*, oí que le preguntaba a mi madre. Esperaba que yo se lo pidiera, según me confesó muchos años más tarde.

En lugar de continuar con la música, me apunté a una academia de danza. Al principio eran dos o tres días por semana. Cuatro años más tarde, el ballet me ocupaba tres horas diarias de lunes a sábado. Hacía los deberes y estudiaba después de cenar, pero no me importaba, porque cuando estaba en clase, haciendo ejercicios en la barra, encadenando saltos en las diagonales, zapateando el parqué, sufriendo sobre las puntas, sentía un regocijo absoluto, difícil de describir, relacionado con la disciplina, el autocontrol, la conexión interior entre la mente y el cuerpo, la búsqueda de la perfección y la belleza. Me entregaba con pasión como quien, sofocado por el calor, se lanza al agua buscando el equilibrio entre su anhelo y la plenitud de la satisfacción. Las lesiones me despertaron del sueño.

En resumen, estuve tan ocupada durante aquellos años, que el cuento del pajarito fue mi único escrito hasta que, ya en plena adolescencia, me saqué de la manga un relato titulado *Nací en el aire*, sobre un chico que había venido al mundo durante un vuelo en un avión y escribía sobre ello para un trabajo del instituto. Otros relatos siguieron a aquél; y poemas, canciones, dos intentos de novelas, varios diarios y muchas, muchas cartas. Perdí muchísimas cosas al estar escritas en papel, ya que no tuve un ordenador personal hasta los dieciocho años. Eran otros tiempos. E incluso mucho después de tenerlo, guardar las cosas en disquetes no garantizaba que la información no fuese a desaparecer.

A lo largo de todo ese trayecto, mi abuela me observaba, me preguntaba sobre lo que hacía, escuchaba mis explicaciones, veía mis dibujos y mis trabajos. La parte académica de mi educación no era cosa suya, pero vigilaba en la distancia, calmaba a mi madre si en algo me exigía de más y me animaba en todo. Supongo que le hacía feliz constatar que yo no tendría su infancia, dura y cruel, inexistente incluso. Posiblemente soñaba con que yo pudiera llegar más lejos que mi madre, que ya había llegado mucho más lejos que ella. De lo que tal vez no fuese consciente mi abuela era que no todo en esta vida son estudios y títulos académicos; y en ese resto de cosas, ella tenía todas las lecciones aprendidas con matrícula de honor a base de trabajar, cuidar de los demás y vivir las batallas de una vida que en pocas cosas se portó bien con ella.

Hace ya un buen rato que he dejado de escribir. Cada vez que mi abuela me asalta a la memoria, entro en una fase de disociación que me retrotrae a aquellos instantes, aquellas escenas, su voz, el olor de su colonia, la blandura de su barriga, a la que tantas veces me había referido yo como mi colchón; su ser. Vuelvo al momento presente con los ojos, de nuevo, humedecidos. Han pasado seis meses, pero casi cuarenta años junto a ella son mucho más poderosos.

Ya ha amanecido. Me dispongo a vestirme de nuevo para darle a la Tula el primer paseo de este día. Duerme plácidamente en su colchoneta, pero en cuanto me oiga, se activará. A la vuelta, descansaré un poco.

Los ladridos de la perra ponen fin a un sueño inquieto que no me ha dejado descansar más de cuatro horas. Me levanto con la cabeza embotada y un peso sobre los hombros, absolutamente exhausta. Los ojos me escuecen y los sentidos no terminan de responder, mientras encadeno dos largos bostezos desde el dormitorio hasta el recibidor. El timbre de la puerta había alterado a la Tula, que ahora gruñía con el hocico gacho. Escudriño a través de la mirilla y compruebo que no hay nadie. Sea quien fuere, no tenía muchas ganas de tratar con animales. Me doy la vuelta y me asusto ante mi imagen reflejada en el enorme espejo clásico que hay en la entrada de casa. Estoy tan dormida aún que ni siquiera me había percatado de que lo único que llevo puesto son las bragas. Menos mal que no he llegado a abrir la puerta. Los pelos de punta, las ojeras y una sensación repentina de calor me guían hasta la ducha.

Bajo el chorro de agua templada voy rescatando hechos de la noche anterior. Chisto desesperanzada porque recuerdo haber estado toda la madrugada despierta para sólo dos párrafos que, además, no me convencen. Cuando salgo de la ducha me siento algo mejor, pero de repente llevo pegados a mis talones los días, las semanas y los meses que se avienen y me imagino a mí misma dando vueltas, arrastrada por la corriente en espiral, directa al agujero por donde me colaré y desapareceré; y toda mi vida, que ahora está en el aire, se estampará contra el suelo quebrándose en mil pedazos. La incertidumbre me exaspera. Me visto corriendo, le pongo a la Tula su correa y nos echamos al sol de la calle.

Decido salir del barrio, dirigiendo mis pasos hacia el centro. La perra trota, como siempre, a mi lado, con la boca entreabierta, dejando caer la lengua hacia un lado para poder transpirar. El sol mañanero de mayo aprieta y ella lo nota más que yo, pero está feliz, como buen can, de salir a pasear. Presiente cuándo me fijo en ella y me devuelve la mirada con un extra de energía que le arranca unos cuantos pasos algo más rápidos. Me gusta tenerla a mi lado.

Tiene seis años, es cariñosa, me hace compañía, escucha mis soliloquios caseros, no me juzga, no me critica, no se enfada conmigo si me salto los horarios. Está ahí, a mi lado en los paseos, a mis pies cuando me siento en la butaca a leer o me tumbo en el sofá a ver la tele, conmigo, siempre. Confío en que sentir muy fuerte dentro de mí esta gratitud porque esté en mi vida emerja de algún modo de mí y le llegue, que pueda percibir lo que significa para mí. No sé qué haría sin la Tula.

Llego a la plaza del Obispo Amigó, al mismo tiempo que un autobús de la línea 70 hace su parada mientras el resto del tráfico sigue su viaje. Me cruzo con señoras mayores que se apoyan, para notar menos el cansancio, en sus carritos de la compra, que van atiborrados de productos de limpieza y de alimentación; ancianos que caminan cogiéndose de las manos por detrás de la espalda y mirándose las puntas de los zapatos, contando los pasos que van dando, como si tuvieran que cumplir una penitencia y no pudiesen terminar el paseo hasta alcanzar una cifra concreta; un transportista acaba de dejar su furgoneta en el carril bus y un taxi le increpa, claxon mediante, por no haber señalizado debidamente con los intermitentes; un grupo de cuatro adolescentes vestidas con el uniforme de su colegio llevan el mismo paso, las cuatro altas y espigadas, las cuatro rubias con el pelo lacio y largo, las cuatro riéndose mientras teclean en sus respectivos móviles; una mujer joven empuja un carrito de bebé totalmente absorta en su retoño, dedicándole sonrisas y gestos maternales; tres niños vienen haciendo carreras por la acera, a ver quién llega antes no se sabe dónde, el uno descamisado, el otro con los cordones de las zapatillas sueltos y el tercero con la mochila abierta, que tiene que ir parando cada dos zancadas para recoger lo que se le cae. Es la una y cuarto del mediodía, la luz todo lo llena y la vida palpita con entusiasmo en las calles.

Llego a San Agustín. Un amigo me dijo un día que la torre de esta iglesia es como la de Sauron en Mordor. Un poco sí que lo parece. Desde entonces, siempre que la miro me acuerdo de él. Me adentro en la calle de San Vicente y giro por Periodista Azzati, hasta salir a la plaza del Ayuntamiento. No creo que haya un solo habitante en esta ciudad que no tenga ningún recuerdo ligado a este entorno. Todavía quedan algunos puestos de flores en lo que un día fue el solar del antiguo convento de San Francisco. A la derecha, el edificio Balanzá, dando unión a la calle Ribera y al paseo de Ruzafa; al frente, el emblemático edificio de Correos, majestuoso por fuera, elegante por dentro, con una magnífica claraboya decorada con los coloridos escudos de todas las provincias españolas; junto a él, los edificios de Francisco Almenar y Francisco de Mora antes de llegar a la esquina con la calle de las Barcas.

Cruzo en diagonal la explanada encaminándome hacia el Ateneo Mercantil. Desde la fuente, contemplo la vista de la parte triangular de la plaza, en cuyo vértice coinciden la calle de San Vicente y la avenida Mª Cristina. La Tula aprovecha mi parada para hacer sus cosas, que recojo cuidadosamente en una bolsita, como buena ciudadana. *"Eso tendría que hacer todo el mundo"*, afirma un señor mayor que pasa por allí. *"Perro bonito"*, le dice a mi compañera, que le lame la mano indiferente al hecho de que le haya cambiado el sexo. Me despido del señor cortésmente y continúo la excursión.

El Mercado Central es un hervidero de personas que entran y salen: trabajadores que cargan con cajones de madera al hombro, llenos de materia prima; consumidores que salen portando bolsas y carritos; turistas con la cámara de fotos a modo de collar, con el plano de la ciudad en una mano y el vasito de horchata en la otra. La Lonja de la seda luce radiante, contemplando a sus pies un grupo de japoneses que siguen a un paraguas naranja. De la calle Bolsería salen dos jóvenes de apariencia hippy, ella va bebiendo de una lata de refresco y él empuja una bicicleta con aspecto de haber sido reciclada varias veces.

Las dos de la tarde están al caer y yo voy en ayunas y tengo hambre, por lo que decido emprender el regreso a casa. Giro hacia la avenida del Oeste para meterme por la calle del Hospital. Desde allí el camino es todo recto, si me apresuro sólo me llevará media hora más. Encontramos una fuente, aprovecho para darle de beber a la Tula y refrescarle un poco la cabeza y el pecho. Parece contenta. Vuelvo a sonreírle, le digo monerías y recuerdo a la mujer del cochecito de bebé que he visto hace un rato. Sé que no tendré hijos, es algo a lo que renuncié hace un tiempo. Cuando te has pasado gran parte de tus mejores años, en cuanto a energía y juventud, cuidando de una persona mayor, un día te das cuenta de que ya no quieres cuidar de nadie que no seas tú misma. Aún tengo mucho que hacer al respecto.

Llego a casa, abro la nevera y saco la fiambrera de macarrones que me dio mi madre hace dos días. Mientras se calienta en el microondas, le pongo a la Tula su ración de pienso en el comedero. Suena el pitido, saco los macarrones y me siento a comer en la mesa de la cocina. Son las tres en punto.

Una llamada al móvil me saca del estado de concentración en que me hallo frente al ordenador. No reconozco el número que aparece en la pantalla y dudo si descolgar o no. Considero la posibilidad de que puede ser una llamada por trabajo, así que decido contestar.

—Buenas tardes, quería hablar con... ¿Noelia Soriano? —me dice una mujer.

—Sí, soy yo.

Efectivamente, han visto mi currículum, les intereso para el puesto y quieren concertar una entrevista. De repente siento una oleada de alegría en mi fuero interno y el ánimo se me viene arriba. Es la quinta entrevista en casi dos años, así de mal anda el panorama laboral en el campo educativo no público. En estos últimos tiempos, casi todo el mundo ha estado instándome a opositar, pero nadie se para a pensar que, cuando estás al borde de la cuarentena conviviendo con una persona mayor dependiente, estudiar oposiciones es una misión imposible, a menos que haya alguien capaz de sobrevivir sin dormir. El estudio es ya, *per se*, un ejercicio intelectual intenso; opositar lo es, además, durante muchas horas al día, casi todos los días de la semana, muchas semanas antes del examen. No es tanto una cuestión de capacidad como de disponibilidad y, especialmente, motivación. Y yo me muevo, en general, pero sobre todo para el estudio, por motivación: si alguien quiere que termine odiando algo, sólo tiene que obligarme a hacerlo. No descarto ponerme con ello en un futuro, probablemente mucho más próximo de lo que cabe esperar; pero por el momento no me siento capaz.

Sé que lo que hago ahora está lejos del ideal de una vida profesional próspera; meter cabeza en otro tipo de colegios es tan difícil como intentar aparcar en el centro un sábado por la tarde: o se produce el milagro de que, justo cuando yo llego, alguien saca su coche dejando la plaza libre para mí, o me quedo dando vueltas eternamente. Soy buena en lo mío, enseñar lengua y literatura es lo que mejor sé hacer, así que no cejo en mi empeño. No obstante, ahora que me hallo nadando en un mar de cambios constantes, quiero poner a prueba mi vena creativa y constatar que soy capaz de escribir algo que merezca la pena ser leído. Estudié filología, se supone que tengo una buena formación, aunque el asunto de la escritura requiera también de talento. Si yo lo tengo, o no, es una incógnita que quiero despejar. Hace mucho que le escuché decir a un buen periodista: *"Para ponerse a escribir una sola línea es necesario haber borrado antes, como mínimo, mil"*. Dejando a un margen los interrogantes sobre mi capacidad literaria y la cantidad de lecturas que he ido consumiendo a lo largo de mi vida, lo cierto es que decidí lanzarme a por ese reto y me decanté por el público infantil porque me parecía más fácilmente accesible; pero, quién me lo iba a decir, me está resultando mucho más fatigoso de lo que imaginé.

Al acabar la conversación telefónica, vuelvo al ordenador. Tengo la costumbre de ponerme en pie y echar a andar cuando hablo por teléfono. Un día, hace un par de veranos, en la playa, me llamaron cuando acabábamos de plantar la sombrilla. Iba con un grupo de amigos a los que veía muy a menudo entonces. Me disculpé con ellos, respondí y empecé a caminar. Cuando terminé la llamada estaba al otro extremo del paseo marítimo. Tardé quince minutos en regresar al lugar donde estaba la sombrilla. Mis amigos ya se estaban bañando, alegremente. En casa me limito a dar vueltas mientras hablo, por el salón, recorro el pasillo, entro en la cocina, salgo otra vez, me asomo a la ventana. No me centro en absoluto en el itinerario que voy trazando, por eso cuando la conversación se acaba, no soy consciente de adónde he ido a parar. Esta vez me ha pillado en el dormitorio de mi abuela. Me he quedado mirando los muebles, he abierto el armario, donde unas semanas antes aún colgaba su ropa, y he regresado al escritorio de mi habitación. Me dispongo a releer lo que había escrito previamente.

El vagón de la montaña rusa en el que voy sentada encara una cuesta abajo fulminante. Me abate una corriente de tristeza que nace en el centro de mi pecho. Dejo de leer, cierro los ojos y agudizo los oídos. El único sonido que me llega es el tráfico de la avenida. Dentro de la casa sólo se percibe el motor del frigorífico y la respiración de la Tula, que duerme profundamente en su colchoneta. Son las seis de la tarde y eso es lo único que se escucha en esta casa donde ya no grita la tele a todas horas, como antes. Siento la nostalgia del mismo modo que cada noche, en el momento justo de apagar la luz, cuando me viene el eco lejano del ruido de su somier al levantarse de la cama; el golpe del cajón de su mesita de noche al cerrarlo; el rítmico balanceo de su andador, a tempo largo, camino del baño. La ausencia de sus sonidos hace más intensa la presencia de su vacío. Estoy en medio de uno de esos momentos que tengo de vez en cuando, en que soy más consciente del terrible dolor que me invade al saber que la he perdido para siempre; y echo de menos no poder correr a arrodillarme delante de ella, sentada en su sillón, y abrazar su barriga, mi colchón, metiendo el rostro en su cuello, para sentir después los toquecitos suaves de su mano en mi cabeza, arrítmicos, desacompasados, pero constantes. Entre nosotras pocas veces eran necesarias las palabras.

Abro los ojos, anegados en lágrimas. En ocasiones puedes saltar la ola por encima, mientras que en otras te toca cruzarla por abajo. Pero si te viene un muro de agua sin avisar y no te encuentra preparada, lo mejor es dejarse llevar por la fuerza de la corriente hasta el fondo, para tomar impulso y volver a salir a flote. Y, luego, a seguir nadando, hasta la siguiente ola. El dolor hay que sentirlo. No sirve de nada esquivarlo, ni luchar contra él; tarde o temprano, te caza.

De niña dormía en la habitación contigua, la estancia más pequeña de la casa. Los muebles que tenía se han puesto ahora de moda bajo la etiqueta *vintage*. Eran de un color verde manzana y constaban de armario, cómoda, un par de estanterías estrechas rinconeras y la cama nido. Hace ya bastantes años que nos deshicimos de ellos, eran muy viejos y estaban descoyuntados. Redecoramos la habitación con una cama algo más grande, también nido, y muebles adquiridos en una de esas tiendas de automontaje que tanto proliferan de un tiempo a esta parte. De aquel dormitorio de mi infancia sólo queda una figurita de porcelana con forma de galgo medio tumbado, con los cantos ligeramente descascarillados y un fino hilo de metal dorado haciendo las veces de collar.

Esta casa ha cambiado mucho en cuatro décadas, pero en mi cabeza visualizo a la perfección los pequeños azulejos cuadrados de color blanco que forraban las paredes del baño y de la cocina; la bañera grande en la que mi abuela se obstinaba en enjabonar y rascar, esponja en mano, con brío y un poco de mala leche, mis rodillas. *"Hay que ver qué rodillas más negras tienes"*, decía siempre. Ya de mayor recordaba entre risas esta anécdota: cuando eres de tez morena, que los codos y las rodillas se vean oscuros es inevitable. Pero la cabezonería de mi abuela no tenía fin y si no me dio con lejía fue porque no se le ocurrió.

Tengo intacta en mi mente la imagen de la despensa de la cocina y el olor que desprendía al abrir la puertecilla; el cúmulo de hielo en el congelador de la nevera, rodeando el bol con café, que mi abuela metía con el ánimo de que, al rato de sacarlo, pudiera pasar por café granizado; las cortinillas bajo la pila de yeso, que escondían el cubo de la basura. Recuerdo el sofá granate; la alfombra que quemé sin querer con la plancha un día que la vi a mano y que quise jugar a hacer cosas de mayores; los payasos de la tele en aquel trasto de tubo en blanco y negro donde sólo se podía ver televisión española y la UHF; el antiguo dormitorio de mis abuelos; y las mesas camillas, los tapetes de ganchillo almidonados blancos, la red de plástico verde que cubría, protegiéndome, los barrotes del balcón y el suelo gris oscuro con manchas blancas que quedó tapado por el parqué.

Fue mi madre la que quiso reformar la cocina y el baño, hace ya más de treinta años, y cambiar el suelo de la casa. La niña curiosa que siempre fui no perdía detalle de cuanto hacían los albañiles: cómo picaban el alicatado viejo, cómo preparaban el cemento, cómo medían y fragmentaban los azulejos que no cabían enteros para que casasen con los vecinos; me fijaba en los útiles con los que trabajaban, las diferentes formas de paletas, la cortadora y las tenazas. Todo era nuevo para mí y quería averiguar cómo cuatro paredes podían terminar luciendo tan bonitas. *"Mi madre sabe poner enchufes"*, le dije a uno de los albañiles una mañana. *"Vaya, eso está muy bien, hay que aprender a hacer de todo"*, me respondió. Eran muy simpáticos, me hacían reír y me dio pena el día que terminaron su trabajo y no los volví a ver.

En aquellos años no sólo cambió mi casa, otros pisos también se modernizaron. El edificio llevaba en pie unos treinta años y las infraestructuras originales se habían quedado obsoletas. El ascensor, por ejemplo, era de los que tenía una doble puerta interior que se abría manualmente hacia dentro. Hasta que no cerrabas esa doble puerta, el ascensor no se movía. Era de color vainilla, con la botonera negra, y se sacudía bruscamente cada vez que paraba en un piso. La puerta de entrada al edificio era de hierro y pesaba un quintal. Un día me pillé el meñique a la altura de una de sus bisagras y me faltó el canto de un duro para quedarme sin dedo. Mi madre me lo curó y lo protegió, pasándome la venda también alrededor de la muñeca, de modo que, no sólo no podía flexionar el meñique por las falanges, sino que tampoco podía hacerlo por el nudillo. Así que cada vez que en el cole la profesora explicaba algo y yo levantaba el dedo índice para preguntar, parecía que le estuviese haciendo cuernos y todos en la clase se reían. Desde aquel accidente, la uña del meñique me crece torcida.

Posiblemente lo único que permanezca intacto en esta construcción sea la portería, en la planta baja. Desde que yo recuerdo, siempre ha estado deshabitada. Antes se celebraban las juntas de vecinos allí dentro, pero es tan agónico que ahora se desarrollan en el portal. La portería aún tiene las paredes revestidas de papel estampado en flores, que se ha ido desprendiendo a jirones con el paso del tiempo. Es una vivienda pequeña: nada más entrar se encuentra la estancia más grande, que habría albergado, todo en uno, cocina y salón-comedor; un pasillo muy corto lleva al baño y a otra habitación, al fondo. Bien rehabilitado, con un saneamiento a ultranza y reformas en todas partes, resultaría un apartamento coqueto. Lo único malo es que, al ser una planta baja, no recibiría la luz del sol y, en cambio, sí la visita de algún que otro bicho. En cualquier caso, ni la comunidad ha querido ponerla a la venta ni a nadie le ha interesado comprarla.

Nunca pensé que, tantos años después de todas las obras y de tantos cambios estructurales y estéticos en el edificio y en esta vivienda del último piso, yo continuaría habitando aquí. A medida que me fui haciendo mayor, suponía, primero, que me casaría; después, que tendría un trabajo estable que me permitiría ser independiente. Avatares del destino, no tuve suerte ni en el plano sentimental ni en el ámbito laboral. Y ahora, cuando entro en el portal, miro los primeros peldaños de las escaleras; los que, cuando era pequeña, saltaba de una vez, desde el segundo, el tercero e incluso el cuarto escalón; los mismos peldaños en los que, de adolescente, me sentaba con Manu a arreglar el mundo y a compartir toqueteos y besos; los peldaños en los que una tarde, diez años atrás, resbalé y acabé con una pierna rota; miro esos peldaños de losa color mostaza, visiblemente lustrosos del desgaste, y me pregunto si seguiré viéndolos el resto de mi vida.

Me despiden del colegio con un *"Cuando terminemos de entrevistar a todos los candidatos, te daremos noticias"*. Es la quinta vez que me dicen lo mismo en casi dos años. De pie, parada ante la puerta del centro, respiro hondo, me pongo las gafas de sol y encamino mis pasos hacia la Gran Vía, dejando tras de mí un foco importante del sector hostelero de la ciudad, colmado de terrazas con enormes sombrillas cuadradas, que adornan los chaflanes de cada cruce. Me sitúo en el parterre central que recorre toda la avenida y, durante medio minuto, me debato entre ir hacia el Mercado de Colón o disfrutar de la arboleda en que me hallo. Opto por lo último y empiezo a caminar en dirección a los espléndidos ficus centenarios situados justo al otro extremo.

Me tomo con filosofía el paseo mientras me vienen a la mente recuerdos vinculados a ese contexto; y entonces revivo aquellos sábados que mi madre tenía que trabajar por la mañana, en una oficina de la calle Martí, y mi abuela y yo veníamos a verla. Eran momentos muy felices para mí. Cogíamos el 3, debajo de casa, en la época en que los autobuses urbanos eran modelos de la marca

Pegaso, con agarraderos que colgaban de las barras horizontales y que tenían la forma ergonómica para los dedos de las manos. A la oficina de mi madre se accedía por una de esas pequeñas puertas batientes que no llegan hasta arriba del todo, sino que se quedan a la altura del mostrador junto al que se sitúan. Me gustaba mucho aquel lugar, todo el material que tenía sobre la mesa y, en especial, el antiguo teléfono negro de ruedecilla. Pero imagino que lo que me entusiasmaba, en realidad, era ir con mi abuela a recoger a mi madre y volvernos las tres juntas a casa.

Tengo todas esas fotografías de mi infancia bailando en mi cabeza al tiempo que atravieso el variopinto gentío que cruza de un lado a otro de la Gran Vía. Junto a mí, en un sentido o en otro, voy encontrándome con un matrimonio de ancianos cogidos del brazo, varias madres jóvenes en grupo con sus cochecitos de bebé, unas cuantas personas paseando a sus correspondientes perros, alguien sin hogar que ha ido a caer dormido en uno de los bancos.

Al pasar por el bajo donde se encontraba el antiguo cine Acteón, me acuerdo de la tarde que fui con mis amigas del instituto a ver allí una película dramática, habiendo cometido previamente el tremendo error de tomarnos unos combinados de alcohol en una cafetería cercana. Además, cada una se había pedido un brebaje distinto y, obviamente, todas ofrecimos del nuestro a las demás y todas lo probamos todo. No tanto por las cantidades, sino por la mezcla que habíamos hecho, entramos en el cine más contentas de lo habitual. No pudimos ver un drama en peores condiciones, para desgracia de los demás espectadores. Todavía nos reímos rememorándolo, sin sentir el más mínimo pudor por no acordarnos de nada de la película.

Sigo caminando, llegando a los ficus y al edificio donde trabajaba mi madre, a mi izquierda. Al final de esa calle, girando por Antiguo Reino, todavía siguen en pie las casi ruinas de otros cines, los ABC Martí. Resulta triste ver el abandono o la desaparición de rincones en los que muchos reímos, lloramos o nos metimos mano a escondidas. A mi derecha, la calle Pizarro, por la que se va a Colón, muy cerca de otros cines, los ABC Park. Todos estos lugares donde nació una de las aficiones a las que más gusto tengo, también los recorrí con mi abuela. Hubo un tiempo en que nos íbamos las dos, mano a mano, a ver películas de estreno, prácticamente cada semana. Todavía contábamos en pesetas y la entrada el día del espectador era mucho más asequible que ahora. A ella le gustaba asirse de mi brazo y salir conmigo. Y a mí me encantaba compartir esas tardes con ella. Yo ya era adolescente y mi abuela aún podía caminar sin valerse de ningún apoyo. La afición duró varios años, porque dos películas que vimos fueron *El presidente y Miss Wade*, de 1995, y *Titanic*, de 1997. Le gustó más la primera que la segunda, por cierto.

Sonrío al ver en mi mente su rostro. No pude ser más acertada con aquellas decisiones en mi tierna juventud; gracias a eso, ahora tengo recuerdos preciosos. Vuelvo a respirar hondo, con un sentimiento de honra y orgullo que me llena por dentro. Me dispongo a cruzar hacia la parada del autobús sin que se me nuble la sonrisa por nada. En el 3 que acaba de parar, ya no hay agarraderos colgando, ni falta que me hacen. Me quedo de pie mirando por el ventanal hacia lugares que recorrí con ella. Todos esos sitios, de algún modo, llevan su nombre.

Ahí está la página en blanco. La temida página en blanco, toda pulcra, con el único vestigio de vida electrónica que denota el parpadeo del cursor, solitario, pareciendo decirme que escriba algo ya de una vez, que quiere compañía allí, en medio de aquella blancura tan poco grata para el escritor. Marca el pulso, como mi corazón, apagándose y encendiéndose, como el segundero de un reloj, como los pasos de alguien subiendo una escalera, encendiéndose y apagándose, el cursor expectante de la página en blanco.

Son las dos y media de la madrugada. He releído los cuatro capítulos anteriores unas veinte veces y he escrito media docena de versiones del quinto; que para no haber quinto malo, está costando de parir el bueno. La falta de acierto, de inspiración, de habilidad, de qué sé yo qué es todo lo que me falta para que esto salga fluido y no tan forzado, me frustra, me hace sentir inútil, torpe, carente de todo ingenio, cuando sé que puedo hacerlo mucho mejor. Empieza a crecer en mi interior una fuerza iracunda que me lleva a cerrar el portátil de un golpe, sin que me importe mucho la posibilidad de cargármelo. La Tula, que dormía plácidamente, se ha levantado de un brinco, asustada por el ruido. Cuando ve que no pasa nada, suelta un gemido lastimero. Voy a por un cigarrillo y salgo al balcón.

A este otro balcón no vine tanto de pequeña. Queda en la pared perpendicular de la fachada, así que da a la avenida de medio refilón. No tiene barrotes, es de obra. Me habría gustado hablar con el arquitecto sobre su altura, escasa para cualquier persona cuya estatura exceda el metro veinte. Por eso nunca me ha gustado mucho este balcón, ni asomarme a él, pese a que no tengo vértigo, porque no me da seguridad. Sin embargo, no me apetece caer en los recuerdos que me depara el otro mirador y, apoyada en los ladrillos del muro, fumo mientras miro las pocas estrellas que pueden contemplarse en la ciudad.

Entre el aroma del humo del tabaco me llega otro que viaja por la fresca brisa nocturna y que me recuerda al de las pastillas azules mata-mosquitos que había que colocar en un aparato especial que se enchufaba a la red. Esa fragancia me traslada a más veranos de mi infancia, pero no aquí, en Valencia, sino en Cullera, donde todo en el apartamento de la playa tenía un olor más intenso, incluidas aquellas pastillas azules.

Los viajes veraniegos a Cullera comenzaban con la estampa de mi abuela sentada en el asiento del copiloto del Talbot rojo de mi tío, con tres o cuatro cartones de huevos sobre sus rodillas, como si sólo se vendiesen huevos en Valencia y tuviésemos que llevárnoslos todos. Imborrable era también la imagen de mi tío atando las maletas a la baca del coche, labor que le llevaba un siglo, para asegurarse de que nuestras cosas no saliesen volando a los 70 km/h a que viajábamos por la nacional que llevaba a Gandía. Por el camino, sentada detrás de la señora y dueña de los huevos, yo veía pasar el Saler, la Albufera y un montón de paisajes cubiertos de panojas. Me llega ahora otro aroma: el de las mazorcas tostadas a las brasas en el paseo marítimo de Cullera. Qué maravilla de meriendas nos atizábamos mi prima y yo.

Veo a mi abuela acompañándonos a la playa, pero sin adentrarse en la arena. Nunca quiso acercarse a la orilla, ni bañarse. Le gustaba contemplar el mar en la distancia, sentada en una de las sillas de hierro que había en la terraza, durante horas, perdida en sus pensamientos. Me fijo en ella en cada recuerdo y constato que ha sido un personaje secundario en las escenas familiares, pero con una presencia constante. Los demás han ido y venido, con más o menos protagonismo en cada momento, pero ella está siempre, en la sombra, atenta a todo.

En la playa de San Antonio nos contó a mi tío, a mi prima y a mí, que los faros tienen una secuencia lumínica propia con la que los barcos podían identificarlos y, consecuentemente, saber en qué costa se encontraban. De modo que una tarde nos fijamos en el pequeño faro de la Penyeta del Moro y contamos los segundos que transcurría entre un guiño y otro, hasta que dimos con las notas del compás y vimos cómo se repetía sin fin.

También en Cullera me despertaba por las noches. Le daba a la manivela con que se subía la persiana de la terraza, lo justo para que se despegase del suelo unos centímetros y mi cuerpo de niña pudiese pasar, serpenteando, como un agente secreto en una misión imposible, con la adrenalina por las nubes, porque no debía despertar a nadie o me mandarían a la cama de nuevo y sin poder rechistar. Ya en el balcón, sentía repentinamente el frío que traía la brisa marina, cargada de humedad y de salitre. Cogía una de las toallas de la playa, que los mayores tendían allí mismo para que se secaran, y me la echaba por los hombros, como si fuera una toquilla. Y así, con una sensación de abrigo que me daba más tranquilidad y consciente de que mi salida había pasado inadvertida, me sentaba en la misma silla desde la que mi abuela había estado mirando el mar unas horas antes.

La madrugada costera era preciosa. Al titileo de las estrellas que cubrían el cielo se sumaban los luceros centelleantes de los barcos pesqueros que salían a navegar antes del alba. No había noche que no me quedase boquiabierta ante el espectáculo que me brindaba aquel baile de lucecitas en medio de la oscuridad, al son que marcaba el sonido de las olas rompiendo en la orilla. Poco después, el amanecer comenzaba en el cabo de Cullera. A medida que la claridad ganaba terreno, se iban apagando las estrellas y los farolillos de los barcos; y el mar se teñía del color de la plata y las gaviotas comenzaban su vuelo a ras de la arena.

Vuelvo al presente y observo ahora las mismas estrellas que

entonces, aunque la escena no es igual de bonita. Distingo Vega, la Osa mayor y la menor. Querría saber más cosas de astronomía de cabeza, pero lo cierto es que soy incapaz de vislumbrar nada más sin la ayuda de la aplicación sobre constelaciones que tengo instalada en el móvil. Aplasto el cigarrillo sobre el cenicero. Concluyo que los balcones tienen un efecto mágico en mí, a juzgar por lo que me va viniendo a la mente en los últimos días. Sacudo la cabeza y vuelvo al dormitorio. Ya no huelo las pastillas azules mata-mosquitos.

—Tengo sueño, anoche tardé en dormirme. Cada vez que se apagaba la luz, escuchaba sonidos en su cuarto —se lo cuento a Victoria, que es mi amiga de alma y sabe ver dentro de mí mejor que nadie.

—Es normal, date tiempo. —Su mirada me hace sentir en casa, aunque estemos en una terraza del Carmen poniéndonos finas a montaditos, bravas y cerveza—. De verdad, creo que lo estás llevando muy bien.

—Gracias —le respondo antes de llevarme el vaso a los labios.

—Tu situación no es fácil —Victoria balbucea, mientras batalla contra el hueso de una aceituna. —Pero estás tirando de ti misma. Sé lo que cuesta y lo estás haciendo muy bien.

—Me tiene muy preocupada el tema laboral. —Le pego un bocado a la tostada con tomate y anchoas.

—Bienvenida al club. —Mi amiga vuelve a hablar normal—. Estabas escribiendo, ¿no?

—Sí, pero he pensado en dejarlo estar y empezar una novelita adolescente, porque con los cuentos me he quedado estancada. —Termino de tragar y vuelvo a dar otro mordisco. Victoria, a su vez, pincha las patatas de dos en dos. Parece que no hayamos comido en décadas—. Echar marcha atrás no es una opción ahora, me conozco, les cogeré tirria y no quiero que pase eso. Lo mejor es dejarlos estar y empezar otra cosa.

—¿Y por qué el público adolescente?

—Porque soy profesora de instituto, se supone que es el tipo de público del que sé más cosas. No entiendo por qué me dio por los cuentos infantiles si no tengo hijos. —De repente me percato de que el agobio que sufro por mi parálisis creativa ha salido a través de mi tono de voz. He sido una borde, vaya. Victoria ha dejado de masticar y me mira, seria y fijamente, con una ceja ligeramente más arqueada que la otra—. Perdona.

—No hay nada que perdonar —responde con dulzura, medio sonriendo y reanudando la masticación.

Yo he bajado la mirada, como hace la Tula cuando le riño, sumisa, arrepentida, deseosa de rebobinar y reparar el daño. Sé que Victoria no está dolida, pero sí lo estoy yo, por la ración extra de susceptibilidad que cargo al hombro cada vez que veo al mundo venirse sobre mí. Victoria parece leer, cómo no, mi pensamiento y me espeta:

—No me he dejado al marido y a los niños en casa para que me pongas esa cara de cordero degollado. —Sonríe abiertamente y eso alivia mi pena—. Va, no seas boba y cena.

Conozco a Victoria desde que íbamos al colegio. Solemos decir que, con las amistades que nacen antes del uso de razón y crecen al mismo tiempo que maduran las personas implicadas, hay dos momentos críticos en los que la relación se pone a prueba: el primero llega cuando se da el paso a la universidad e, inevitablemente, cada una emprende caminos profesionales distintos; el segundo ocurre cuando cualquiera de las dos, o las dos, empieza a salir con el novio definitivo e, inevitablemente, emprende caminos personales distintos. Si la amistad sobrevive a esas dos pruebas, se vuelve indestructible. A nosotras sólo nos es necesaria una mirada para saber lo que piensa y siente la otra. Son tantos años de confidencias y de vivencias, que la conexión es extraordinaria. Es reconfortante poder contar con una persona ante la que el hecho de desnudar tu alma suponga un alivio.

Desde que estamos allí sentadas han pasado tres grupos de despedida de soltera, dos de despedida de soltero, familias de turistas rubios de piel anaranjada, que deben hospedarse por la zona, y varias pandillas autóctonas de estética variada. Los barrios del Carmen, la Seu y el Mercat aglutinan un crisol de culturas que no sólo se materializa en las gentes que pasean por sus calles a todas horas, sino también en los establecimientos hosteleros que, en los últimos años, han ido ampliando el abanico de posibilidades.

Son las once de la noche y Victoria quiere aprovechar su noche de Rodríguez. Pagamos la cuenta, nos levantamos y vamos paseando hacia la plaza del Tossal, donde optamos por entrar al Café Infanta. Es un sitio que a mí me gusta especialmente: el interior está varios escalones por debajo del nivel de la calle; el empedrado de los muros, los arcos del techo y la forma del local hace pensar que algún día formó parte, o bien de algún edificio anexo a la antigua muralla musulmana, o bien de la propia muralla. Tiene las paredes cubiertas con retratos en blanco y negro de actores y actrices de películas antiguas, ellas con sus onduladas melenas y ellos con su pelo engominado y sus bigotes finos. En una pantalla situada junto a la puerta, se proyecta sin sonido una película de Chaplin en sus primeros años como cineasta, posiblemente sea *El chico*; mientras, de fondo, a un volumen perceptible pero no molesto, suenan las canciones más exitosas de las radiofórmulas.

Victoria se pide un combinado de Bombay Shapphire, mientras que yo elijo un Drambuie con hielo. En su conversación aparecen su marido y los niños, la tirantez con su suegra, la enfermedad de su padre, los clientes de la tienda en que trabaja haciendo más horas que un reloj, la bruja de su jefa, los amigos papás y mamás de los compañeros del colegio de sus hijos y su última visita al ginecólogo. En mi conversación aparecen mis paseos con la Tula, las noches que dedico a escribir, la entrevista del otro día, las compras en el supermercado, mis vecinos del barrio, las llamadas por teléfono con mi tía abuela y las visitas que nos hacemos mi madre y yo.

—¿Cómo está ella? —me pregunta con un interés muy sincero.

—Bien. Ella lo lleva más por dentro. Es como mi abuela, no son personas que exterioricen mucho. —Pienso en mi madre y en todo lo que también ha peleado ella en su vida—. Está preocupada por mí. No le hace gracia que pierda el tiempo en fantasías literarias.

—A las madres nunca les hace gracia que soñemos con cosas que para ellas resultan inalcanzables. La cuestión está en si tú lo ves inalcanzable para ti—. Victoria sabe cómo enfocar las cosas con cordura y sentido común.

—Mientras no me venga la musa, lo tengo crudo —digo con una sonrisa que destila más tristeza que buen humor. —Pero, bueno, ¿no era Picasso quien decía que la inspiración debe encontrarte trabajando? —Mi amiga asiente con la cabeza, su sonrisa tiene la esperanza que yo necesito—. Pues seguiré trabajando.

—Ése es el espíritu. —Alza su copa en una clara propuesta de brindis a la que, por supuesto, me uno.

Me deleito en el sabor que el Drambuie me deja en la boca, en el brillo de la mirada de Victoria, en el ritmo de la canción que suena en ese momento, en el tropiezo deliberado que ha dado con el trasero de Chaplin en el suelo, en la velita que alumbra desde dentro de un vaso chato en el centro de la mesa, en ese instante que está pasando y que jamás volverá.

Bailamos, como cuando de niñas, en las fiestas del colegio, nos ponían las canciones de Parchís, de Enrique y Ana o, incluso, más tarde, de la Década Prodigiosa; y, mientras los demás niños se centraban en acertar golpeando la piñata de turno, nosotras nos pintábamos con purpurina y, manos en la cintura, movíamos las caderas como si nos fuésemos a descoyuntar.

Bailamos, como cuando éramos adolescentes y nos íbamos a Distrito 10 pintadas como una mona, con los flequillos bañados en laca, vistiendo aquellas horribles camisetas con hombreras, los vaqueros Chipie y los zapatones negros de cordones; despreocupadas por quienes nos estuviesen mirando, totalmente entregadas a la locura de saberse mayores sólo porque pasábamos una tarde a la semana en una discoteca, bailando, dando las primeras caladas y los primeros morreos.

Bailamos, como cuando los jueves universitarios nos llevaron a descubrir Gasoil, el karaoke que había junto a Ópera, en el que nos desgañitábamos al ritmo de *Vivir así es morir de amor*, de Camilo Sesto, y otro pub que estaba también por la zona de Aragón; o como cuando terminábamos en Woody o en La piedra de al lado, mi garito preferido entonces, muchas horas después de las cenas a base de calimochos, quicos y taquitos de queso y jamón en la Fila.

Bailamos, como en las bodas de todos los amigos comunes que se fueron casando, los pasodobles primero, *Follow the leader* después; y un sinfín de canciones sacadas de algún compendio en cuyo título, sin duda, aparecía el nombre de Ibiza, para terminar la fiesta cantando a grito pelado *Chiquilla*, de Seguridad Social.

Bailamos, como hacía mucho tiempo que no lo hacíamos, primero en Bolsería y luego en la plaza del Negrito, ignorando a los pocos moscones que se atreven a acercarse, porque la noche es sólo para nosotras y, además, porque Victoria está casada y yo no tengo ganas de historias.

Me viene entonces a la mente, así, sin avisar, como viene siendo costumbre, aquella noche en que Victoria pasó por casa a recogerme para salir de fiesta. Hacía muy poco que habíamos dejado los veinte atrás. Subió para saludar a mi madre y a mi abuela y, a bocajarro, ésta le preguntó: *"¿Qué? ¿Tú tampoco tienes novio?"*. Mi amiga, que estaba tan acostumbrada como yo a la dichosa pregunta, contestó sonriendo: *"Todavía no, ya llegará"*. Mi abuela le respondió, con otra sonrisa: *"Tendréis que poneros una luz verde, como los taxis"*.

Victoria se ha dado cuenta de que ya no estoy bailando. Me

he quedado parada, absorta, con la mirada perdida en algún punto del espacio, con la sonrisa torcida y los hombros gachos. Chasquea sus dedos delante de mis narices para sacarme de mi embelesamiento. Vuelvo al presente, le miro a los ojos y le hago un gesto, tocándome varias veces en la sien con mi dedo índice, como queriendo decir que me voy a volver majara un día de estos. Ella me pone sus manos en los hombros, leo en sus labios un tequiero y me atrae hacia sí, abrazándome con fuerza, metiendo su cara en mi cuello y dejando que yo meta la mía en el suyo, donde me echo a llorar casi sin querer.

Una hora después, aporreo en la persiana de un local de la calle Jovellanos. *"¿Qué puñetas es esto?"*, me pregunta curiosa Victoria. La persiana sube hasta media altura, dejando pasar el sonido de una música con ritmos latinos; entramos y, detrás de nosotras, la persiana vuelve a bajar. *"Venga, vamos a tomarnos unos mojitos para acabar la noche"*, le contesto guiñándole un ojo. Hacía diez años que no iba por aquel cuchitril, ni siquiera sabía si continuaría existiendo. Hemos tenido suerte. Victoria bebe de su vaso y luego se abraza a él, enroscándolo en su mano con un giro de muñeca y llevándoselo al hombro. *"Está borracha"*, pienso. *"No estoy borracha"*, dice. Y nos echamos a reír.

Bostezo una y otra vez mientras me miro en el espejo del cuarto de baño, a punto de entrar en la ducha. Es domingo y como en casa de mi madre. Se me pasa por la mente decirle que me encuentro fatal por algo que no me sentó bien anoche, pero la conciencia empieza a remorderme a la vez que la mentira cobra vida. Sacudo la cabeza, como si la idea fuese un mondadientes que sacar de un palillero. Tengo ojeras, las canas empiezan a ser visibles y necesito una limpieza de cutis. Para lo primero, una buena siesta me vendría de perlas. A lo segundo no pienso poner solución, llevo el pelo tan corto que no me compensa gastarme el dinero en tintes. Para lo tercero nunca encuentro tiempo. Soy un desastre.

Me meto en la ducha, pensando en mi abuela y su envidiable mata de pelo. Cuando era pequeña siempre me preguntaba: *"¿De mayor me peinarás el pelo blanco y me harás un moño?"*. Yo miraba su pelo corto, cardado como sólo mi madre sabía dejárselo, y negro como un tizón. Y le decía que sí, claro, que le peinaría el moño blanco, aunque mucho dudaba de que mi abuela fuese a dejar de tener el pelo negro algún día. Entonces, ella se echaba a reír y me decía: *"Ay, no, hija, no dejes que vaya peinada como las viejas"*.

Supongo que se refería a las viejas de su pueblo cuando era ella joven, ancianas achaparradas, con el pelo gris peinado con la raya en medio y recogido en un moño bajo que luego se cubrían con un pañuelo negro, a juego con la falda, que llevaban bajo el delantal, y las alpargatas. Sé de esas mujeres porque las he visto en alguna fotografía familiar antigua. Mi abuela era de un pueblo pequeño y pobre, de familia humilde, no sabía escribir y no tenía cultura. Pero sí tenía sentido de la imagen, pulcra, cuidada y acorde a la vida en la ciudad; y del civismo, el respeto y las buenas maneras para con los demás. Y por eso nos llevó a todos siempre hechos un pincel y buen educaditos.

Bajo el chorro a presión siento cómo el cansancio y el sueño empiezan a desprenderse de mis músculos y se deslizan por mi piel hasta terminar desapareciendo por el desagüe del plato. Me acuerdo entonces de cuando llegaba del cole, después de que mi madre hubiese ido a recogerme, y mi abuela me esperaba en la cocina con un barreño de agua caliente que colocaba bajo mis pies, una vez me había sentado en la silla de mimbre. Me quitaba los zapatos y los calcetines, de los que caía un tanque de la arena del patio del colegio. Luego, enérgica pero cuidadosa, me lavaba los pies quitándome los granos que hubiesen quedado entre los dedos. Finalmente, colocaba la otra silla cerca de mí, se sentaba y ponía una toalla sobre sus rodillas. Allí, en su regazo, me secaba, me ponía unos calcetines limpios y las zapatillas de estar por casa.

Son curiosos los fragmentos de infancia que guardo en mi memoria. Apenas recuerdo nada de lo que pasaba inmediatamente antes o después, pero lo que contienen esas imágenes, esos trozos existenciales que compartí con mi abuela, se me representa de manera muy clara. Tal vez me los esté proyectando ella misma desde el más allá, quién sabe. Igual está esperando a que salga de la ducha y me siente sobre la tapa de la taza del váter, para poder peinarme como lo hacía entonces: rociándome sobre la cabeza la colonia para niños con que rellenaba aquellos botes de plástico, que a veces eran rosas y, a veces, azules o blancos; y pasando la parte finita del peine por entre mi pelo, largo y enredado, hacia atrás, para recogerlo en una cola, mientras se me estiraba la piel de la cara hasta parecer una nativa del lejano Oriente. Estas evocaciones hacen que me ría yo sola mientras me coloco el albornoz.

Oigo el tono de llamada de mi móvil que suena a dos habitaciones de distancia. Es mi madre.

—¿A qué hora vienes? —me pregunta. Le gusta saberlo para calcular cuándo echar el arroz a la paella.

—Salgo en media hora, más o menos —le respondo.

—Vale, hija. —Hace una pausa—. ¿Estás bien?

—Resacosa, pero bien, mamá. Nos vemos luego.

Mi madre me manda un beso a través del teléfono y cuelga.

A la Tula le da igual haber salido pronto esta mañana; en cuanto me ve vestirme, empieza a danzar emocionada, siguiéndome pasillo arriba y abajo. Le digo que iremos a pasear más tarde con el ánimo de serenarla. Le hablo tanto que sé que me entiende: inmediatamente se dirige a su colchoneta, se tumba y observa desde allí mis últimos movimientos antes de marcharme. Pienso en ese momento que, si mi madre no tuviese dos gatos, me la llevaría conmigo. No me gusta nada dejarla sola, pero parece haberse ido acostumbrando con el paso del tiempo. Al principio fue duro también para ella: entraba en el dormitorio de mi abuela, andaba cabizbaja por la casa, de vez en cuando lloriqueaba. Tuve miedo de que pudiera entrar en depresión y acabase perdiéndola a ella también. No habría sido el primer animal de compañía al que le habría pasado. Pero empecé a mimarla más de lo normal, salíamos a pasear más veces y más tiempo. Poco a poco, la Tula y yo nos sacamos mutuamente de nuestra tristeza y empezamos nuestra nueva vida juntas. No sé si habríamos podido la una sin la otra.

Sus ojos castaños parecen decirme *"Te estaré esperando"* y yo le sonrío, porque no se puede ser más bonita de lo que es ella. Le planto un beso en la mancha blanca que tiene entre los ojos y me voy hacia la puerta. La miro antes de cerrar y veo cómo apoya, tranquila, la cabeza sobre sus patas.

Han pasado un par de días y me siento un poco muerta viviente, llevo el horario totalmente al revés. Me acuesto después de salir el sol, me levanto a primera hora de la tarde, apenas aprovecho el día para nada. Menos mal que, al vivir sola, aunque esté acompañada de un animal, casi no ensucio y las obligaciones domésticas las termino enseguida. Tengo la casa perfectamente limpia y ordenada, la ropa no se me acumula, ni sucia ni limpia; llevo una organización excelente en cuanto a separación y desecho de residuos para el reciclaje. Me cocino cada dos semanas diferentes cosas que administro en fiambreras para guardar en el congelador, con lo que siempre tengo comida variada preparada; hago la compra antes de quedarme sin cosas. En resumen, me apaño bastante bien. Pero la cuestión de los horarios sigue siendo una cuenta pendiente.

La verdad, no sé por qué me preocupo tanto. Cuando tengo

que cumplir con un horario de trabajo, me adapto rápido y no tengo problemas, ¿qué más dará a qué hora me levante o me acueste ahora? Además, tengo que escribir y, por lo que respecta al trabajo intelectual, ya funcionaba así cuando era estudiante: hay quien se levantaba a las seis de la mañana a repasar el examen que tenía a las ocho; yo no, yo apuraba la madrugada, dejando las horas justas para descansar, y me levantaba con el tiempo exacto de ducharme e irme, que lo de desayunar, cuando tienes veinte años, está sobrevalorado.

Llevo seis meses haciendo una vida independiente, es la primera vez que elijo cosas, pensando en mí: el color de las paredes, el sofá nuevo, la distribución de los muebles. En las rebajas posteriores a las Navidades adquirí el primer equipo de música de mi vida. No es nada del otro mundo, es una minicadena pensada para una habitación la mitad de pequeña que el salón en la que se encuentra, pero es suficiente. Me tiré un mes entero, cada día, cada noche, escuchando los cd que he ido comprando desde la adolescencia. Antes me los ponía en el ordenador y ahora ya tengo un equipo donde suenan infinitamente mejor.

Mi vida antes dependía de mi abuela, giraba en torno a ella. Su único pasatiempo era la tele, así que, mientras ella pasaba el día viendo los programas de salud por las mañanas, las películas de Rocío Dúrcal y Marisol por las tardes y el resumen del fútbol por las noches, yo permanecía en mi dormitorio, el único lugar donde, más o menos, tenía mi intimidad, leyendo, estudiando, preparando clases, corrigiendo o matando el tiempo en internet.

Ahora todo es distinto: tengo la casa entera para mí, puedo estar donde quiera cuando quiera; puedo ver la tele de madrugada o tenerla apagada durante el día; escuchar música o la radio sin tener que pedir permiso; comer o cenar más tarde o más temprano. Sólo tengo que respetar los tiempos de paseo de la Tula, por lo demás, puedo hacer lo que me venga en gana.

No hace mucho, mi amiga Almu me preguntaba si no se me caía la casa encima, que a qué dedicaba el tiempo. *"Me lo dedico a mí, a estar conmigo, a leer, a escribir, a cocinar, a ver películas, a hablarle a la Tula y a dejar que ella me mime a lametones"*, le dije; *"No se me cae la casa encima; ahora la estoy disfrutando más que nunca"*. Esto es difícil de entender. Es difícil ser lo suficientemente empático para comprender que se puede sentir dolor y alivio a la vez; que, en un momento dado, te encuentres llorando de la pena tan grande que llevas dentro de ti y, al mismo tiempo, seas consciente de que la paz en la que vives ahora hacía mucho tiempo que no la sentías.

No sé si Dios es real. Yo creo que no, pero mucha gente opina lo contrario, así que no soy quién para decirle a nadie que está equivocado, no puedo negar la existencia de algo que no sé si existe o no. Pero si es así, si hay algo por ahí que en todas partes está y todo lo sabe, entonces sabrá también que el amor que he sentido por mi abuela no lo he sentido por nadie. Y que he hecho muchas cosas por ella que no habría hecho si no hubiese sido por ese amor. Si Dios existe, entonces sabe lo mucho que la echo de menos, que no hay día que no piense en ella y que, de algún modo, sigo sintiéndola en esta casa, junto a mí. Por eso no me siento culpable o egoísta si digo que he vivido con alegría los pequeños cambios que he ido introduciendo en mi vida y en la casa que habito. Yo sigo en este mundo, sigo viva. Mi única obligación es hacerme feliz.

Tal y como le dije a Victoria, he comenzado una novela juvenil. Estoy contenta porque en tres noches he escrito más que en los últimos cuatro meses. Trata de una chica, hija única, que decide, por enésima vez, irse de casa de sus padres tras una acalorada discusión. Pretendo que el mensaje sea, más o menos, que lo que te guía de joven es el temperamento y, casi siempre, crees estar en posesión de la verdad absoluta; y que, hasta que uno no tiene que lidiar con la vida real de cara y sin protecciones, no madura. Madurar es ser consciente de lo increíblemente relativo que es todo; de que la realidad tiene mucho más de grises que de blancos y negros; y de que juzgar a una persona sin haber estado en su piel no es, en absoluto, fácil. También quiero hablar del perdón, del orgullo, de lo importante que es hablar, comunicarse. En fin, tengo un montón de ideas en la cabeza, ahora sólo falta dejar que vayan saliendo e ir dándoles forma para que estén de la manera adecuada en el lugar idóneo.

Escribir es sumamente difícil. Yo no llegaré a nada en este campo jamás, lo sé ya de antemano. Tal vez no sea la mejor actitud para empezar mi carrera de novelista. Pero es lo que siento. Me quito el sombrero ante aquellos que consiguen aunar bajo su pluma riqueza en el fondo y belleza en la forma. Cuántos libros habré cerrado estremecida, con las mejillas humedecidas, con el alma llena de las vidas de los personajes que otros crearon para hacerme sentir, pensar, soñar. No sé si alguna vez yo lograré algo así.

Una vez, un ex me preguntó cuáles eran mis criterios para admirar a una persona, ya que igual me daba un deportista, que una cantante pop, que un compositor del barroco, que un Nobel de literatura. Le dije que, en general, admiro a cualquier persona que sea capaz de hacer algo que yo jamás conseguiría. No tienen por qué ser plusmarcas, ni discos de oro en ventas, ni haber trascendido tres siglos en la historia, ni ser el mejor escritor en habla hispana, por poner ejemplos varios. También admiro a los anónimos que, para mí, representan motores importantes dentro de la sociedad: a las madres y a los padres, a los buenos padres, los que hacen lo que sea por el bien de sus hijos; admiro a los bomberos, a los médicos, a los cuerpos de rescate y demás profesionales que salvan vidas, muchas veces arriesgando las propias; admiro a los maestros, a los profesores de instituto y a los universitarios, por transmitirnos su saber y dejar así su legado en el mundo; admiro al obrero que trabaja a las tres de la tarde en agosto, porque siempre se aprovechan las vacaciones de verano para pavimentar, reformar o lo que sea que tenga que hacer el ayuntamiento de turno; admiro al chavalín de la hamburguesería que realiza ese trabajo basura de las tardes para poder costearse las clases de la facultad por las mañanas; admiro a los que se juegan sus ahorros en montar un negocio que, seguramente, no tendrán amortizado en mucho tiempo; admiro a los horneros que, mientras dormimos, nos cuecen el pan nuestro de cada día; a los fruteros, a los pescaderos, a los ganaderos que nos dan de comer; a la reponedora del supermercado que nos facilita la tarea de encontrar lo que necesitamos. Admiro a muchas personas que no salen en la prensa copando portadas, esas personas de las que los políticos sólo se acuerdan una vez cada cuatro años, las personas que suman, que aportan y que, de un modo u otro, hacen que todo siga marchando.

Admiro a mi madre, que me sacó adelante sola; que ignoró todos los dedos que le señalaban por tener a una criatura estando soltera, en una España con una mentalidad muy retrógrada e injusta; que se echó a las espaldas los insultos, las calumnias y los injuriosos comentarios que, en muchos casos, probablemente guardaban cierta envidia; que me salvaguardó, que me educó en el respeto, que cultivó en mí un montón de aficiones y el amor y el cuidado por las cosas. Admiro a mi madre porque es una guerrera, triunfadora y libre, dueña de sí misma y con un corazón del tamaño del sol.

Y admiro a mi abuela. Por todo. Por ella. A mi abuela habría que hacerle un monumento, en el parterre, donde estaba el banco de madera en el que, cada verano, se sentaba con las vecinas a la fresca; un monumento bien grande y bonito y a cuyos pies nunca faltaran las flores.

Llevo una hora sentada delante del portátil, con el ánimo de abrir el archivo de la nueva novela, pero he vuelto a desconectar del mundo. No dejan de ser sorprendentes las asociaciones de ideas: el recorrido que trazan las cavilaciones, las reflexiones que plantean y que, como el río que inevitablemente muere en el mar, acaban evocando a mi abuela. Al final, todo me lleva a ella.

El camión de la basura se detiene, indiscreto, bajo de casa. Los ruidos que hace el mecanismo que vuelca los contenedores sobresaltan a la Tula que, por supuesto, se encontraba en el séptimo cielo. El susto le dura unos segundos, enseguida se encuentra girando sobre sí misma hasta calcular las coordenadas perfectas de su cuerpo dentro del espacio que ocupa la colchoneta. Me resulta muy gracioso contemplar todos sus ritos y costumbres, aunque hay algunos, relacionados con su sentido de la auto-higiene, que no me parecen tan cautivadores.

Aprovecho que he vuelto a la realidad para ponerme a la faena, no sin antes dotarme de provisiones que me aporten energía. Aquí quedaría muy romántico explicar que he ido a prepararme un whiskey con hielo, que coloco sobre un posavasos de madera, junto a la cajetilla de tabaco. Pero, por atractivo que parezca ese ideal clásico del escritor nocturno a la luz de un flexo, agazapado ante su máquina de escribir, teniendo a mano la copa medio llena de líquido ambarino y envuelto en el fino hilo que dibuja el humo de su cigarro, lo cierto es que un vaso de leche fría y un par de onzas de chocolate negro son suficientes para mí.

Me sonrío pensando en esto último. Y me prometo a mí misma que si algún día me hago famosa y me entrevistan, continuaré manteniendo viva la imagen del escritor bohemio. La escritora en bragas del vaso de leche y el chocolate quedará en el anonimato para siempre.

Como su madre se murió joven, mi abuela se convenció de que a ella le pasaría lo mismo. Eso resume bastante bien el daño que le hace a una persona no recibir un mínimo de formación escolar. Aun así, no era una mujer supersticiosa ni coleccionaba amuletos. Simplemente, era una persona sin conocimientos académicos y, como casi todo el mundo de su generación y de su entorno, creyente. Me vienen a la memoria las noches en que, al no poder dormir o al haberme pillado despierta de madrugada, me acostaba junto a ella y rezábamos juntas el Jesusito de mi vida, el Dios te salve y el Padre nuestro.

El caso es que, desde que enviudó a los sesenta y tres años, se pasó la vida esperando a la muerte. Y ésta se la llevó un mes antes de que cumpliese noventa y ocho otoños. Eso son treinta y cinco años escuchándole proclamar malos augurios que comenzaban por las palabras *"No sé yo si llegaré a vivir cuando"*. La continuación a esa sentencia podía ser cualquier cosa: mis nietos aprendan a hablar, mis nietos empiecen el colegio, tomen la comunión, acaben la universidad, el príncipe Felipe sea rey, el Valencia vuelva a ganar la liga; como decía, cualquier cosa. Todas las Navidades, para alegrar la fiesta, nos recordaba que era muy probable que ya no fuese a estar en las del año siguiente. Era el optimismo personalizado en lo que respectaba a su esperanza de vida; o, como decía mi madre, la alegría de la huerta.

Sin embargo, el miedo a dejar de existir que había tras esos pensamientos, lejos de amedrentarle y convertirle en una mujer pusilánime y débil, no impedían que continuara siendo una persona absolutamente enérgica y dinámica. No concordaba con la imagen de abuelita tierna y dulce que cocina pasteles de chocolate y se sienta a tejer por las tardes. Su vida fue dura y así era también su carácter, exigente y disciplinario.

Aun así, la recuerdo cariñosa y guardiana, especialmente cuando yo caía enferma de neumonía, siendo muy pequeña, con unas fiebres altísimas y unas toses que hacían vibrar cada célula de mi organismo. Ahí estaba ella, pendiente, velándome día y noche, diciendo *"Ay mi nena, que todo le acude"*, como una letanía, rabiosa porque yo sufriera de esa manera. La recuerdo tierna y protectora, cuando me acurrucaba en su barriga, mi colchón, mullida y confortable, rodeándome con los brazos, golpeando suavemente mi cabeza o mi espalda. La recuerdo paciente y generosa, cuando íbamos a comprar juntas al mercado y dejaba que me comiese un chupete, que era como llamaba yo al trozo de la parte dura del jamón, que el charcutero solía cortar expresamente para mí; o el currusco de la barra de pan, crujiente, recién salido del horno, pellizcado con disimulo, aunque ella parecía tener ojos en todas partes.

Supe enseguida cuándo me había hecho mayor. Fue el día en que las mujeres de esta casa dejaron de decirme cariño o nena para pasar a llamarme Noelia. Mi nombre lo eligió mi abuela el mismo día que vine al mundo y quedó claro que era una niña. Entonces no existían las ecografías de ningún tipo, era todo mera especulación según la forma que tuviese la barriga. Siguiendo esta ciencia, todo el mundo pronosticaba que yo era un niño. No puede decirse que fuese una ciencia exacta, desde luego.

Hacerme mayor implicó comenzar a percibir a los seres que

había a mi alrededor desde una perspectiva más realista. Mi madre ya no era todopoderosa, podía ver sus temores y sus lágrimas. Y con mi abuela, el abismo generacional que nos separaba empezó a tener sus efectos. Una adolescente, una mujer treintañera que acababa de conocer al hombre con el que reharía su vida y una señora septuagenaria con sus manías y sus ideas, en muchos aspectos, chapadas a la antigua; las tres bajo el mismo techo. Aquello a veces era un polvorín. Porque no todo era idílico y aquellas dos tenían un carácter y un genio de mil demonios.

Pero era mi hogar, mi familia, toda mi existencia se erigía sobre esos dos pilares en esta casa que ahora ocupo yo sola junto a mi perra. No pude tener una infancia más feliz gracias a ellas dos. No creo que haya nadie que recuerde su adolescencia como una etapa ideal de paz y armonía familiar. Y el resto, después de que mi madre se casase, fue un mano a mano entre mi abuela y yo.

La vida de las personas consta de dos grandes partes que se subdividen, a su vez, en otras: por un lado, la progresión, que comienza con el nacimiento y consta de tierna infancia, infancia, adolescencia, juventud y vida adulta; por otro lado, la regresión, que comienza con la jubilación y que se compone de todas las subpartes anteriormente mencionadas, pero en orden inverso. De la jubilación pasamos a una segunda juventud, luego a una segunda adolescencia y así hasta reconvertirnos en bebés grandes que necesitan lo mismo que los bebés pequeños: pañales, comida blandita y montones de mimos.

Mi abuela, que sacaba unos resultados excelentes en todos sus análisis, que no pisó jamás un hospital hasta un año y medio antes de su marcha; que de todas las veces que dio con su cuerpo en el suelo, ninguna tuvo como consecuencia ni una sola fractura ósea; la *superabuela,* como la llamaba Victoria, que creía con gran convicción que se moriría joven, estaba al final de su segunda adolescencia cuando empezó nuestra nueva andadura las dos juntas; yo estaba al final de la primera. Fueron años de mucho aprendizaje; aprendizaje que luego estimé muy necesario, aunque aún faltase un tiempo para lo más duro.

Segunda parte

Salgo del colegio por última vez, al menos de momento. Ha sido un contrato de diez días enseñando lengua y literatura a los alumnos de secundaria y bachillerato. El profesor titular se había sometido a una operación local sin gravedad y había necesitado una baja de dos semanas. Durante ese período he estado sentándome a escribir a ratos por las tardes y los fines de semana, evitando hacerlo por las noches para no interrumpir el ciclo de sueño. Cuando estoy en el aula soy absolutamente feliz y me entrego por completo. Daría cualquier cosa por dedicarme a ello con algo más de estabilidad, pero son tiempos difíciles y, aunque la incertidumbre me genere cierto desasosiego, me reconozco privilegiada porque siempre cuentan conmigo y, de ese modo, voy sobreviviendo. No es lo deseable, desde luego, pero menos da una piedra.

Como decía, salgo del colegio y me encuentro allí un grupo

de chavales bastante numeroso, todos alumnos míos. Me dan las gracias y me desean suerte. Una chica que había congeniado muy bien conmigo me pide que vuelva. *"Eso no depende de mí"*, le sonrío. En cierto modo, me recuerda a mí misma: tímida, observadora, pendiente de todos los gestos o detalles de los demás para adoptar los que más le atraigan. No estoy segura de que quiera parecerse precisamente a mí, pero me mira con el entusiasmo de quien admira a alguien. Siempre hay algún niño o alguna niña a los que caes en gracia y te tienen como la profe especial e intocable o, como mínimo, la profe a la que no le rayarían el coche. Sea como fuere, se les coge un cariño tremendo a los chavales, aunque sólo hayas estado diez días trabajando con ellos.

Para volver a casa, decido dar un rodeo. Hace un día muy soleado, aunque hay cúmulus en el cielo, esa clase de nubes que parecen bolas gigantes de algodón esponjoso y blanco, que dan ganas de saltar sobre ellas, como hacía Heidi en los dibujos animados. Esta ciudad tiene una luz única en el mundo, tal vez por el Mediterráneo, o bien por el modo en que el sol incide sobre ella, o puede que sea por la humedad en el ambiente, o por todo. El caso es que la luz de Valencia no la he visto en ninguna otra parte, además de en los cuadros de Joaquín Sorolla; esta luz que, cuando la percibes, te atraviesa con un rayo de alegría y hace que sientas la vida con un poquito más de intensidad.

Cruzo Marqués del Turia camino del Mercado de Colón. No tengo apetito todavía, así que decido entretenerme pululando por las diferentes boutiques y zapaterías que hay por la zona. No me gusta mucho ir de compras, lo hago porque es necesario, porque la ropa y los zapatos acaban gastándose y llega un punto en el que hay que reponer el armario. Pero no soporto entrar en las tiendas atestadas de gente, para ver ropa chula de la que no encontraré talla jamás o topar con ropa de mi medida que resulta ser horrible; por no mencionar la cola de espera para los probadores, en caso de que se haya producido el milagro y haya visto algo que me guste y pueda quedarme bien. Las mujeres que somos grandes, corpulentas, mozas recias, que diría Victoria imitando el acento maño, lo tenemos muy crudo con el tallaje de la ropa. Y a mí personalmente me ofende que tengamos que conformarnos con el rincón bajo el letrero de *Tallas grandes*. ¿Por qué no se limitan a ampliar el abanico de tallas de toda la ropa del catálogo? Dudo mucho de que las mujeres nórdicas, que son como yo por regla general, tengan esta clase de problemas a la hora de ir de compras. A lo mejor en Alemania las tiendas tienen un rincón de *Tallas pequeñas*, quién sabe.

Absorta en mi enfado monumental con las firmas de moda, la fiebre consumista no me dura ni media hora. He visto un par de cosas, pero mi presupuesto me insta a ser prudente, así que continúo el viaje sin detenerme en ningún otro escaparate. Cruzo hacia la plaza de los Pinazo y me adentro por Don Juan de Austria, una calle peatonal llena de vida comercial que se sitúa junto a los grandes almacenes por excelencia en este país. En las terrazas de los bares y restaurantes de la zona contemplo a montones de turistas comiendo paella, patatas bravas, calamares a la romana, puntilla y demás tapas típicas, mientras fotografían la comida, echando mano de los filtros de las aplicaciones, para subir luego las imágenes a las redes sociales.

Al final de la calle, paso por la puerta del Banco de Valencia, una construcción preciosa con impresionantes rejas de hierro forjado en los ventanales de la planta baja, proyectada por Goerlich y levantada en los años cuarenta donde antes se situaba la botica Morera. El antiguo edificio en cuyos bajos se encontraba la farmacia ocupó el lugar en el que, durante al menos tres siglos, se iba reponiendo una morera tras otra a medida que iban pereciendo. En un plano dibujado, que data de comienzos del siglo XVIII, ya aparece el árbol en cuestión. Llegado el siglo XIX ya no hubo más moreras; y en las primeras décadas del XX, ya no hubo más boticas. Se levantó el monumental edificio de Goerlich y la nueva farmacia la Morera se trasladó tan sólo unos metros, junto al Teatro Principal, donde continuó funcionando un tiempo. Paso ahora junto al café que ocupa ese mismo espacio y me quedo pensando en lo bonito que sería poder viajar en el tiempo y conocer la Valencia decimonónica.

Salgo a la plaza del Ayuntamiento, camino de la esquina con la calle de la Sangre. Recuerdo haber visto de pequeña la legendaria Casa Barrachina, con sus bonitas marquesinas y sus toldos cubriendo las terrazas que copaban toda la acera, de un extremo al otro. El encanto que tenían aquellos locales, como la pastelería Noel, los cafés y los teatros, al igual que las salas de cine después, se perdió entre las franquicias del sector hostelero, las tiendas de ropa y las galerías comerciales. Si Vicente Blasco Ibáñez levantara la cabeza, no sé yo si le gustaría mucho lo que viese.

Subo al 70 que acaba de parar delante de mis narices. Mi abuela vivió en el centro, cerca de la plaza de San Agustín, a mediados de los años cincuenta. Fue muy poco tiempo, acababan de llegar de Teruel y enseguida se trasladaron al barrio donde resido, que entonces estaba por estrenar. Pero seguramente llegó a vivir la actividad del centro de Valencia en un tiempo en el que la ciudad estaba en pleno auge.

El autobús sólo tarda diez minutos en dejarme enfrente de casa. Es muy cómodo vivir en un sitio en el que, vivas donde vivas, como máximo estás a tres cuartos de hora caminando desde el centro. Antes de meter la llave en la cerradura de mi puerta ya puedo oír las uñas de las patas de la Tula contra el suelo, como si bailase claqué siguiendo una especie de danza de bienvenida. Dejo el bolso y el maletín con el material de profe en la butaca y me dispongo a ponerle la correa.

Es viernes, vuelvo a estar en el paro, pero me siento renovada.

Cuando mi madre se casó, yo tenía diecisiete años. Si la hubiese seguido, me habría ido a vivir a la otra punta de la ciudad, cuando aún no existía el Bulevar Sur y había zonas del barrio de Malilla que quedaban descolgadas entre parcelas de huerta. Entonces, el autobús de la línea 8 hacía un descanso fuera de la ciudad, bajo una mísera farola, antes de volver a adentrarse en Valencia. No quería irme de mi casa, mi barrio, no quería dejar de despertarme veinte minutos antes de la primera clase por tener la suerte de vivir a tiro de piedra del instituto; pero, sobre todo, mi deseo era continuar viviendo junto a mi abuela. Mi madre lo entendió. Y el día que ella se mudó a su nuevo hogar, empezó la convivencia entre mi abuela y yo, codo con codo.

Al principio, para mí, fue una liberación. Mi madre y yo siempre fuimos muy distintas y, en aquella época, especialmente, chocábamos con mucha facilidad. No tener su mirada vigilante tras de mí todo el tiempo me permitía tomarme la vida con otro ritmo, comencé a tener relativa libertad y, sabiendo que con mi abuela tendría manga ancha, ni los horarios ni las costumbres continuaron siendo tan inflexibles. Pero en realidad todo fue bastante ficticio, porque aquellas dos mantenían una comunicación constante y el hecho de que mi madre hubiera dejado de vivir conmigo no significaba, en absoluto, que se hubiese despreocupado de mí. Todo lo contrario: estaba más pendiente que nunca.

Además, mi abuela también reclamaba su atención. Que su hija se casase y se fuese a vivir a otro sitio fue un cambio que le costó digerir, estando como estaba acostumbrada a contar con ella para todo. Así que, si podía conseguir que el ojo de Sauron se posara sobre casa, aun a costa de alguna historia relacionada conmigo, no cabía ninguna duda de que haría lo que fuese menester. De ese modo, durante aquellos años, era muy común que, en nuestra habitual convivencia aparentemente pacífica, la lista de todos mis pecados fuese interminable.

Éramos completamente opuestas. Mi abuela era una mujer activa que se levantaba con el sol, desayunaba y después dedicaba la mañana a hacer todo: preparar la comida, lavar, tender, planchar, barrer, limpiar. Todo. A mediodía comíamos y la tarde se la pasaba delante de la tele. Por la noche cenábamos y al poco rato se acostaba. De lunes a viernes la convivencia era suave, porque el horario de clases, primero en el instituto y luego en la universidad, concordaba con su horario de actividad. Pero los fines de semana parecíamos un matrimonio al borde de un divorcio.

Cuando comenzaron los dolores en las piernas hasta el punto de impedirle caminar al ritmo de siempre, se vio obligada a dejar de ir con el carrito de la compra sola a todas partes. Vio que tenía que empezar a depender de mí y casi se volvió loca. Ella pretendía que los sábados me levantase a las ocho a recoger todo lo que había dejado encargado por teléfono en el mercado; y yo me negaba a madrugar los fines de semana, porque después de los jueves universitarios y los viernes de juerga, abrir los ojos un sábado antes de esa hora era bastante milagroso. *"Para un día que no tengo que madrugar"*, le gruñía. Entonces, las cejas de mi abuela se inclinaban hacia el ceño, que más fruncido no podía estar, el morro se le torcía y la lengua parecía que se la hubiese comido el gato que no teníamos.

Aquellos tiempos, el final de mis *dieci* y el comienzo de mis *veinti* fue, quizá, la época en que más distancia hubo entre las dos. Yo no entendía que tuviese que ceder para que ella estuviese contenta y ella no entendía por qué yo no podía hacer el esfuerzo de satisfacerle. Ninguna de las dos dábamos nuestro brazo a torcer. Éramos dos niñas testarudas en continua pelea. Mi madre siempre estaba en medio tratando de poner paz entre las dos, pero la cabezonería y el orgullo podían con nosotras.

Sin embargo, esos desencuentros eran momentos, como esas pequeñas gotas de aceite que salpican fuera de la sartén y que molestan, escuecen, pero no queman ni producen lesiones graves. El resto del tiempo sólo había cariño. Nos íbamos al cine, veíamos la tele juntas, la acompañaba a misa, jugábamos a la brisca... Discutíamos, pero éramos inseparables. No podía imaginar mi día a día sin ella, por eso quise quedarme a su lado. Y me consta que a ella le pasaba lo mismo. Después de todos los años que había sido ella quien había velado por mí, ahora cuidábamos la una de la otra por igual.

Cuando miras atrás y encuentras finales de etapa en tu vida, puntos de bifurcación, en los que decidir abrir una puerta implica dejar otra cerrada, a veces te das cuenta, porque a toro pasado es muy fácil verlo todo con claridad, de los errores que cometiste traspasando los umbrales equivocados o ignorando el resto de las posibilidades. Creo que mi primer gran acierto, si no el más grande de mi vida, fue abrir la puerta a la opción de continuar viviendo aquí con ella. Bueno, en realidad no lo creo. Lo sé.

Estos últimos días los he dedicado a terminar de vaciar su dormitorio. La tarea ha consistido en un cúmulo de pequeñas cosas; cosas que me ha costado hacer porque al final no dejan de removerme por dentro: retirar sus toallas, las sábanas de su cama, sus botes de colonia, a medio usar todos; sus pintauñas, su Jesusito y su virgen del Pilar. He hecho fotografías de todos los muebles para subirlos a internet y venderlos. Pretendo pintar ese dormitorio en los próximos días. Veremos, porque querría vaciarlo antes, pero cada vez que me pongo a hacer algo en esa habitación con la intención de cumplir mis planes, es como si hubiera algo que me frenase y me hiciese sentir culpable por ello.

Cuando abro armarios y cajones no sólo remuevo el contenido de los armarios y de los cajones. Sobre todo, es mi interior el que se queda patas arriba. Es como si al querer poner orden y concierto en la casa, en mi vida, resultase que al final soy yo la que se queda vuelta del revés, como un calcetín. Paso un par de días raros, tocada de ánimo, durmiendo mal, con ganas de llorar incluso. Luego nada, todo normal. Es la ola inesperada que te obliga a tragar agua y te pone cabeza abajo en el fondo del mar para después llevarte hacia arriba. Y ya está, a seguir nadando.

Junio ha alcanzado sus idus sin que yo me haya enterado, tal vez porque no está siendo caluroso. Ha habido varios días de lluvia que, de algún modo, han calmado mi desasosiego; especialmente los momentos en que, entre el sonido del agua al estrellarse contra las diferentes superficies, llegaba el trino de algún pájaro. *"Llueve y un mirlo canta; qué lección de vida"*, pensaba.

Siempre me ha gustado que lloviese. Tal vez porque en Valencia no suele hacerlo y la lluvia simboliza una especie de tregua entre tantos días de sol y de sequedad. O porque al pasear, me acompaña el murmullo constante del repiqueteo de las gotas contra la tela del paraguas. Quizás porque me gusta el agua, en general: el agua que sacia la sed; el agua salada del mar; el agua cristalina de los ríos; el agua condensada en la vegetación; el agua congelada de las cumbres; el agua del rocío en las flores; el agua, origen de todo para Tales; el agua, que tanto falta por estas tierras.

Estas noches pasadas, percibía tras el cristal la lluvia incesante en el sonido de los neumáticos de los coches que pasaban por la avenida; en las luces reflejadas sobre el asfalto; en el olor a tierra mojada y aire limpio. Y me acostaba con la música del agua de fondo haciéndole la segunda voz, de vez en cuando, la respiración profunda de la Tula; el dormitorio iluminado con la lámpara de la mesita de noche y el sosiego de este verano, que todavía no termina de asomar, vergonzoso, de puntillas por la puerta, sin querer llamar la atención, silencioso y discreto. He levantado la vista del libro muchas veces para, seguidamente, cerrar los ojos y tomar conciencia de esos momentos de serenidad en que la lluvia era mi amiga, en la calma de la noche, solas ella y yo, acompañándonos en nuestra soledad. Y he vuelto a abrirlos con un gesto risueño, pensando en lo mucho que se disfruta de aquello que se tiene poco y en lo poco que satisface aquello que se tiene mucho.

Ahora luce el sol del ocaso, a punto de ponerse al final de la avenida, donde comienza la autovía que lleva hasta Madrid. Hay alguna que otra nube salpicada en el cielo, durante el día se nota ya el peso del calor, pero a estas horas el aire es fresco y agradable. Estoy sentada en el sofá, recortando las etiquetas a un par de camisetas de tirantes que me compré ayer por la tarde. Pienso en que me estoy quedando sin agua y sin leche, y en que debería hacerme el ánimo de ir a comprar en los próximos días. Y entonces, en medio de la batalla mental que mantengo contra la pereza que me da ir al supermercado, suena el teléfono. Es Victoria.

—Acabo de ver las fotos que me has enviado. ¿Eso fue en la boda de Almu?

—Sí, hija, sí. Hace nueve años —le respondo.

—Claro, los que llevo casada yo también. Madre mía, pues no ha llovido ni nada.

—Un poco —replico, medio ausente.

—¿Qué haces? —me pregunta, consciente de que no estoy para tirar cohetes.

—Nada, he estado tirando papeles y archivando cosas en un par de definitivos que he comprado esta tarde. ¿Y tú? —Intento estar más comunicativa, de verdad que lo intento—.

—Pues voy a empezar a prepararles la cena a los dos mocosos que tengo. —Hace una pausa, me conoce tanto—. ¿Estás bien?

—Un poco tocada. Pero bien, sí.

—Mira siempre más allá, Noe. Estos días en que, por lo que sea, todo te duele un poquito más, piensa en el futuro. Podrías mandarme a cagar ahora mismo por sacarme de la manga una frase de autoayuda de tres al cuarto, y lo entendería perfectamente, pero...

—Jamás haría eso —le interrumpo. Si la tuviese delante, me la comía a besos; es la hermana gemela que nunca tuve. —¿Sabes una cosa?

—Dime.

Victoria ha descansado su cuerpo sobre algo: una silla, un taburete, el banco de la cocina. Lo he notado. Pero no importa, sé que lo ha hecho porque quiere escucharme. Si no, me habría cortado, no se habría tomado la molestia de buscar un punto de apoyo.

—Cuando era pequeña y tenía un momento angustioso, no sé, unas pruebas de alergia en el hospital, por ejemplo, eran muy molestas; o cuando se metían conmigo en el cole; o si algo me tenía inquieta o me sentía asustada; cuando era pequeña y pasaba algo así, siempre pensaba: *"Esta noche estaré en casa"*. —Percibí la sonrisa de Victoria a través del auricular del teléfono—. Me convencía a mí misma de que sólo tenía que esperar a que se hiciese de noche porque entonces ya estaría en casa, al abrigo de mi madre y de mi abuela, con mi pijama y mi cena encima de la mesa o acurrucada bajo las mantas. *"Esta noche estaré en casa"* era el pensamiento que me daba paz en mis malos momentos siendo niña.

—Es parecido a lo que te he dicho yo. Pensabas en el futuro.

—Sí. Es otra forma de decir que también esto pasará.

—Exacto. —Victoria está pendiente de mí—. Pero tu pensamiento también es válido. Estás en tu casa.

—No, ya no. —Mi voz vuelve a sonar apagada.

—¿Por qué dices eso?

—Porque mi casa era ella.

Me siento al escritorio. Abro la tapa del portátil y, mientras arranca el Windows 10 y todas las actualizaciones pertinentes, me coloco un cigarrillo entre los labios. Busco un encendedor, pero no encuentro ninguno que haga honor a su nombre. Me levanto a por el que uso en la cocina para poner en marcha los fuegos. La lumbre de la primera calada se tiñe de naranja mientras siento el recorrido que hace el humo dentro de mi pecho. Hacía más de un año que no fumaba. Me había vuelto deportista, saliendo a correr y yendo a la piscina a nadar todas las semanas. La muerte de mi abuela fue el principio del fin de mi proyecto olímpico. Y ahora, la única actividad física que hago es salir a pasear con la Tula. Algún día me arrepentiré de ello. Pero no será hoy, desde luego. Ahora toca centrarse.

La novela va viento en popa. La única pega que le encuentro es que no tengo ni idea de cómo acabará. No he escrito nunca nada que haya llegado a un fin. Todo se me ha quedado a medias. No sé cómo lo harán los grandes novelistas, pero la lógica me lleva a pensar que, si no tengo un lugar al que ir, será demasiado fácil que el rumbo que vaya trazando a lo largo del argumento se pierda en la inmensidad de mi imaginación, hasta convertirse en un bucle infinito sin intención alguna. Quizá lo primero que debería hacer es preguntarme para qué quiero escribir lo que estoy escribiendo. O, dicho de otro modo, por qué no estoy escribiendo otra cosa. Dejé los cuentos aparcados y empecé con esta historia por algo, qué es lo que me empuja a ello, qué finalidad hay. Ahí está el quid. Pero no lo veo.

Entre los papeles que he ido encontrando últimamente he visto algunos relatos, reflexiones y poemas de cuando era adolescente. Incluso en algunos hay notas de compañeros de clase que los habían leído. En aquella época quería estudiar periodismo. Uno de los motivos era que me entusiasmaba escribir, era mi modo de expresión natural. Siempre me había considerado muy torpe hablando; en cambio, a través de la palabra escrita creía ser capaz de decir cualquier cosa, de plasmar todas mis ideas, de sacar a la luz sentimientos que, precisamente porque podrían quedar mal expuestos de manera oral, seguramente se verían comprometidos ante las miradas analíticas y juzgadoras. Escribía y, al hacerlo, me sentía libre.

Al final no cursé periodismo porque en aquellos años todavía no existía dicha titulación en la Universitat de València; habría tenido que irme a Barcelona o a Madrid. Así que me quedé aquí para hacer Filología. Otra puerta que acerté abriendo. Hice grandes amigos, tuve buenos profesores y hubo pocas asignaturas que no me resultaran interesantes, cuando no apasionantes. Al término de la etapa universitaria, erré cerrando la vía de las oposiciones. Pero ésa es otra historia.

No tengo ni la menor idea de por qué estoy escribiendo esta novela. Y cuanto más consciente soy de que mi libro no tiene un destino en el que morir, más me desespera no encontrarlo. No se puede lanzar una al folio en blanco sin tener clara la estructura básica de toda historia: planteamiento, nudo y desenlace. Es tan importante el remate, dice tanto de un buen escritor, que cuantas más vueltas le doy, más me agobia ese interrogante enorme que parpadea como un neón rojo sobre mi cabeza.

Ya está, ya no doy más. De repente me encuentro saturada: con la casa, con sus cosas, con las mías, con el presente, con el futuro, con su muerte, con mi vida, con el trabajo, con el paro, con la novela, con los cuentos. Comienzo a sentirme como una especie de juguete roto al que le arreglas un mecanismo y funciona durante equis tiempo para después tener que arreglar otro engranaje que se ha estropeado por otro lado. Me doy cuenta de que estoy entrando en un bucle autodestructivo que no me lleva a ninguna parte. Son casi las tres de la madrugada. Tal vez debería irme a descansar.

Busco a la Tula. En momento así, mirarla tiene el mismo efecto sobre mi alma que una dosis de anestesia. Duerme bajo mi cama, así que sólo le veo las patitas, que asoman en la oscuridad. No puedo verla, pero al menos escucho su respiración, que viene a ser lo mismo. El aire es fresco, apenas hay ruido en la avenida, la noche parece tranquila y la ansiedad en que me he visto atrapada desaparece progresivamente. Llevo varias noches sin dormir bien, tengo sueños raros y a ello he de sumar todos los recuerdos que me han removido por dentro últimamente. Es normal que no esté inspirada, tengo que darme treguas de vez en cuando.

Eran las seis de la tarde de un día de noviembre cuando los últimos rayos solares iban dando paso a las bombillas de las farolas. Yo tenía diecinueve años y salía de la facultad. Entonces estudiaba segundo de carrera y pasaba las primeras horas de las tardes entre la biblioteca y la cafetería, cuando no paseando por el parterre central de la avenida Blasco Ibáñez.

Por aquellos tiempos, que ahora me parecen tan lejanos, todavía no existía la línea de metro que une ese campus con mi barrio. Así que volvía a casa en el autobús de la línea 81. De todos modos, ahora que lo pienso, aunque hubiese existido el metro, para el regreso seguramente habría continuado usando el autobús. El metro es más rápido, pero tiene algo que me exaspera: la imposibilidad de mirar paisajes te obliga a fijarte en el interior de los vagones. No creo que se pueda encontrar un número mayor de personas por metro cuadrado con una clara ansia por escapar todos del mismo sitio. En los autobuses al menos vas distraído contemplando la calle, las luces, los escaparates que pasan fugaces ante tus ojos, los transeúntes; vas en tu mundo, mirando sin ver, mientras piensas en tus cosas.

En uno de esos trayectos estaba yo cuando vi subir al autobús a un señor mayor. Todos los asientos estaban ocupados, así que le ofrecí el mío, que estaba en el pasillo, justo después de la primera puerta de salida. *"No, no, tranquila, que no soy tan mayor"*, me dijo en tono paternal tras insistir en mi oferta. Le sonreí, volví a sentarme y me enfrasqué nuevamente en el libro que andaba leyendo, no por prescripción académica, sino por voluntad propia. Era *La balada de la cárcel de Reading*, de Oscar Wilde.

Cuando la persona que viajaba a mi lado se levantó para bajar, me senté en su lugar, el de la ventanilla, dejando el mío libre para el señor mayor Y entonces, de repente, me dijo: *"Te pasarán buenas cosas y tendrás una buena vida porque tienes un buen corazón"*.

No supe cómo reaccionar. Y creo que él se dio cuenta porque a continuación, para evitar un silencio incómodo, me preguntó por lo que estaba leyendo. *"Ah, Oscar Wilde, ¿qué estudias? Yo sé inglés"*. Y me dijo una frase en inglés para demostrármelo. *"Y también sé un poco de alemán, porque estuve viviendo en Alemania cuando la guerra"*. Y me dijo una frase en alemán para demostrármelo. Me preguntó cosas sobre la carrera, si había viajado y cuáles eran mis aficiones.

Durante aproximadamente diez minutos el resto del autobús

desapareció. Empecé a ver en él el abuelo que me habría gustado tener en mi infancia: con el pelo blanco pulcramente peinado hacia atrás, miles de historias en la cabeza y ese brillo mágico que nos pinta los ojos a todos cuando nos dan la oportunidad de contar nuestra batallita preferida. La luz de su mirada fue constante en ese rato y a mí me encantó dejarme iluminar por ella. Se apeó del autobús bastante antes que yo. Y antes de hacerlo, se volvió hacia mí, me sonrió y me dijo otra vez: *"Tendrás una buena vida porque tienes un buen corazón"*.

No me dijo su nombre. Cogí el mismo autobús a la misma hora en los días sucesivos, pero no volví a verlo nunca más. A las pocas personas a las que conté en aquel tiempo su aparición en mi vida, siempre les hablé de un ángel. En realidad, no creo en los ángeles. Pero sí creo que hay personas que son capaces de ver dentro de ti, de reconfortarte con sólo tomarte la mano o de hacer que cambie el signo de un día sólo por su presencia. Sin conocerme de nada, aquel hombre me dijo que tenía un buen corazón. Me hizo sentir que iba por un buen camino, aunque no supiese a dónde me deparase. Y eso me dio paz.

Hacía mucho tiempo que no pensaba en mi ángel particular. La Tula y yo nos hemos venido en coche hasta el Paseo de la Alameda y, desde allí, vamos caminando hacia el Hospital Clínico. Al pasar por aquella zona me ha venido el recuerdo, como un fogonazo, de aquel señor en el autobús. Me pregunto si se ha cumplido su oráculo, si puedo considerar que he tenido una buena vida hasta ahora. Y me respondo que no puedo decir que mi vida haya sido mala. No ha sido lo que yo esperaba, desde luego, pero quién dice que lo esperado debía ser la mejor opción. Quizá lo más juicioso sería no esperar nada y dejarse sorprender.

Pasamos junto a las pistas de tenis del pabellón deportivo de la universidad: en unas, una decena de niños aprenden a darle a la pelota con una raqueta que es mayor en dimensiones que ellos mismos; en otras, unos jóvenes con la mitad de años que yo, arrean con fuerza desde uno y otro campo, como si estuviesen disputándose un open. De pronto me doy cuenta de que no hace tanto que tenía su edad; de lo deprisa que pasa el tiempo, no importa lo despacio que caminemos.

No sé muy bien adónde me dirijo. Supongo que sólo quería llevar a la Tula a pasear por otra zona distinta de la ciudad. Noto que le gusta salir de su hábitat, entra en modo explorador, tiene más vitalidad en la mirada. A veces creo que me sonríe. Yo también creo que salir del barrio me hace sentir mejor, tal vez sea porque me lo contagia ella; quizá porque llevo todos estos meses bastante enclaustrada en casa, centrada en hacerla mía, porque mi hogar era mi abuela y ahora tengo que construirme uno propio dentro de mí. Es una tarea muy costosa, es difícil desprenderse, desapegarse, deshacerse de. Y no me refiero a objetos. Ojalá todo fuese tan simple como cambiar muebles o retirar ropa.

Sin apenas percatarme, llevo a la Tula hacia los Viveros. Seguramente entraré en los jardines, volveré a imaginarme el antiguo Palacio Real, espléndido en medio de aquel llano, y luego encararé nuevamente el Paseo de la Alameda, con el recuerdo de otra construcción mítica en la memoria, el Palacete de Ripalda. Pienso en la idea que tuve semanas atrás sobre viajar en el tiempo. En aquella misma alameda, hace casi un siglo, se agolpaban en bancadas de madera las señoras con sombrero tipo cloché y falda por debajo de las rodillas, acompañadas por caballeros trajeados que veían pasar aquellos grandes coches negros de ruedas blancas, seguramente de la marca Hispano-Suiza, tampoco estoy muy segura, elegantemente encapotados y con grandes faros en la delantera.

De regreso al siglo XXI, donde todo está lleno de automóviles, motos y bicicletas de Valenbisi, veo, antes de cruzar, un autobús de la línea 81 que pasa ante mí. Vuelve a mi mente el recuerdo del señor que me auguraba una buena vida y sonrío otra vez. Supongo que después de estos veinte años que han pasado desde aquel encuentro, ahora sí que será un ángel. Entonces ya era mayor, tendría ochenta años aproximadamente. Ojalá sus nietos lo recuerden con tanta ternura como lo hago yo. Prometo honrarle procurando tener buen corazón.

El primer gran escalón cuesta abajo llegó a los ochenta y cinco años. Hasta entonces, su único achaque había sido un paulatino debilitamiento de piernas. Pero entonces llegó un herpes Zóster que casi le dio toda la vuelta al tronco y que le dejó bastante débil. A ello le siguieron sus primeros vértigos. Se dio todo en un período de tiempo bastante breve. A partir de cierto punto, cada descenso en la pendiente ya no se recupera del todo, de modo que la tendencia es degenerativa. Y el proceso dura más o menos en función de las condiciones físicas de la persona y de lo cuidada que esté.

Por entonces, hacía un par de años que había terminado la carrera y en ese tiempo quedó definida lo que luego acabaría siendo mi andadura profesional: un ir y venir entre bajas para cubrir en institutos, clases particulares de latín e inglés y trabajos temporales de fin de semana en varias cafeterías y un par de librerías. Mi abuela estaba ya en la segunda infancia, pero yo no era consciente e iba construyendo mi vida a base de poner parches sobre los agujeros por los que se me escapaban las oportunidades. A pesar de los achaques, la veía bien, sus revisiones médicas daban resultados perfectos, continuaba moviéndose por la casa sin ayuda y seguía teniendo su genio y su buen humor, según tocase uno u otro.

Así fue pasando el tiempo, ella cada vez menos entregada a lo que siempre había sido su actividad y, en consecuencia, yo más atareada con responsabilidades de la casa. Hasta que me contrataron en un colegio para cubrir una baja por depresión que duró tres cursos. La jornada escolar me obligaba a estar ausente muchas horas al día y eso comenzó a afectar a mi abuela en su ánimo, que pasaba todo ese tiempo en soledad.

Suele decirse que las cosas ocurren justo cuando tienen que ocurrir. El colegio en el que trabajaba estaba a quince minutos caminando, por lo que no tenía que coger ningún medio de transporte, ni para ir, ni para volver a casa. Una tarde, en el paseo de regreso, me topé casi sin darme cuenta con una cachorrita, entonces, blanca casi por entero. Fue un flechazo, amor a primera vista, caí fundida ante su tierna mirada. Ella comenzó a mover la colita a una velocidad tal que podría haber salido volando. La cogí al brazo y fui directa a la clínica veterinaria que había al otro lado de la avenida. Así fue como la Tula entró en casa y mi abuela comenzó a sentirse menos sola.

A los pocos meses, dado el abuso de congelados fritos y sopas de sobre en nuestra alimentación, quedé con mi madre y con mi tía, porque era necesario introducir cambios en la rutina doméstica. Precisaba de ayuda en casa. Además, mi abuela iba volviéndose progresivamente más dependiente a medida que se acercaba a los noventa años. Su cuerpo comenzaba a escapar de su control y no siempre lo llevaba bien. El primer bastón que entró en casa lo trajo mi tía y casi sale con él clavado en la cabeza. Si algo no dejó de funcionarle nunca, hasta el final, fue el raciocinio y la terquedad. Ser consciente del propio deterioro debe ser muy duro, especialmente para alguien que siempre fue activa y estuvo ocupada. Una vez desprovista de sus tareas, sólo le quedaba la tele como vía de escape mental. Y con el tiempo, incluso eso le terminaría resultando aburrido.

Quitamos la bañera y pusimos un plato de ducha grande en el cuarto de baño para que entrar y salir no le supusiera un problema y, así, poder bañarla en condiciones. Mi madre y mi tía empezaron a cocinarle comidas que congelaban en fiambreras para que su alimentación fuese rica y variada. Tras varias caídas por pérdidas de equilibrio, se convenció finalmente de que necesitaba un punto de apoyo para caminar y aceptó el bastón como compañero. Sin embargo, se negaba a salir a la calle en silla de ruedas porque no quería que nadie viese cómo se hacía vieja, como ella misma expresaba, hasta el punto de depender de aquellos trastos que con gusto habría tirado a la basura. Cada parte del día era una batalla: ducharla, convencerla de que tenía que llevar pañal, hacer que comiese pescado, conseguir que dejara de echarle las croquetas o los huesos del pollo al suelo a la Tula. Poco a poco, se fue convirtiendo en una niña testaruda a la que ya podías reñir, que no ibas a encontrar la forma de que te hiciese caso.

No habría sido posible aguantar todo aquello sin Rogelia. Fue la tercera cuidadora que entró en casa, una señora de buen corazón, generosa, paciente y trabajadora, que había llegado de Perú tiempo atrás y que se ocupó de mi abuela durante cinco años. Se despidió para volver a su país a cuidar de sus padres. Pero el tiempo que estuvo viniendo a casa, me salvó la salud mental. Estaba toda la mañana atendiéndola y haciendo tareas del hogar. Cuando mi trabajo cubriendo aquella interminable baja acabó, continuó viniendo igualmente porque, al fin y al cabo, yo ya me responsabilizaba suficientemente de mi abuela el resto del tiempo, aunque no fuera una obligación directa mía.

Tengo que confesar que hubo muchas veces que detesté no tener una ocupación laboral estable que me permitiese buscar mi propio espacio, mi intimidad, mi independencia. Pero mientras me saliesen los trabajos, estaría lo suficientemente ocupada para que aquello no me amargara la existencia. Además, tampoco estoy segura de que, en caso de haber conseguido una oportunidad sólida y duradera en mi vida profesional, me hubiese ido de casa. Seguramente habría buscado mis momentos para escaparme a mi refugio particular, pero no habría dejado a mi abuela sola, nunca. Ella me necesitaba y yo necesitaba que ella supiese que me tenía; que, si a las cuatro de la mañana me daba una voz, me levantaría corriendo para ver lo que le pasaba; que, si caía camino del cuarto de baño, yo iría a ponerla en pie; que, si quería asomarse a mi dormitorio y sentarse un rato conmigo para tener un poco de cháchara, yo dejaría de hacer lo que fuese para escucharla y hablar con ella.

De repente he parado de doblar ropa. Es la colada de la lavadora que tendí hace unas horas. El verano es maravilloso, todo se seca enseguida. Pienso en mi abuela y me giro, en busca de la primera foto que puse en la librería, la semana siguiente a su muerte. Un autorretrato que nos hice a las dos, una mañana de invierno, un año atrás. Acerqué mi cabeza junto a la suya y ella sonrió al verse en la pantalla del móvil. Es la foto más bonita que tenemos juntas y también una de las más recientes. La contemplo, sintiendo cómo los ojos se me van cargando. *"Te quiero, yaya"*, musito. Sonrío a la foto y continúo doblando la ropa para, a continuación, guardarla en el armario. El verano es maravilloso, todo se pasa enseguida.

Me he venido con el portátil a Conté, una pequeña, pero acogedora tetería de la calle Sorní. Siempre me pido el té de chocolate blanco con canela, aunque últimamente me ha dado más por los que llevan jengibre y regaliz. Una porción de tarta con la superficie repleta de fresas bañadas en caramelo me mira con ojos picarones. Son casi las seis de la tarde, he comido pronto y cenaré pasadas las diez de la noche, así que decido darme el capricho. Una vez en la mesa todo dispuesto, mientras el reloj de arena cumple los tres minutos de espera de rigor hasta que el té esté listo, abro el portátil y le doy la primera cucharada a la tarta.

Los paseos de los últimos días con la Tula en diferentes sitios de la ciudad me han ayudado a buscarle una dirección a la historia que me traigo entre manos. Recorrimos el antiguo cauce del río Turia, desde el parque de Cabecera hasta la Ciudad de las Artes y de las Ciencias, en lo que fueron varias horas de caminata. Otra jornada la dedicamos a pasear junto al mar, desde el balneario de las Arenas hasta la playa de la Patacona. Hemos callejeado en barrios que nos son ajenos, porque nada ni nadie nos ha llevado nunca hasta ellos, como la zona en torno al parque de Marxalenes, Orriols o Torrefiel. En general, la zona norte de la ciudad, al otro lado del río, me resulta bastante desconocida.

Me deleito en el sabor de las fresas y la jugosidad del bizcocho del pastel. Cada dos cucharadas, bebo un sorbo del té. Entre una faena y la otra, repaso todo lo escrito hasta el momento, corrijo, cambio algunas cosas, dejo otras aparte; y me voy creando una especie de línea de metro, con una estación de partida y otra de destino, donde las paradas que las conectan son los capítulos. Ignoro si con esta estrategia obtendré resultados favorables. Lo que sí es seguro es que a partir de ahora mi admiración hacia los genios de la literatura será muchísimo mayor.

El local está prácticamente vacío, la música se oye suave de fondo, la temperatura es ideal y la merienda me ha sentado de lujo. Comienzo a trazar un boceto de los capítulos que quedan, esperando que automáticamente el desenlace comience a desdibujarse solo, como si, de manera natural, una cosa llevara a la otra. Las ideas para los capítulos me gustan, por eso no dejo de teclear, fluyen como un torrente; pero, como un torrente, corren el riesgo de desbordarse. No sería bueno que unas ideas queden ahogadas por otras y al final no sirva ninguna.

Desde luego, los jóvenes lectores, sean niños o adolescentes, suponen un reto tan estimulante como arduo. Me infunden más respeto que el público adulto, sinceramente. Una vez tuve una conversación con un profesor de la facultad sobre algo parecido. No se me ocurrió otra cosa que decirle de sopetón que dar clase en la universidad no tenía ningún mérito. Obviamente, me refería, y así se lo argumenté enseguida, a que resultaba mucho más fácil llegar al alumnado universitario porque, al fin y al cabo, el estudiante que está en una facultad, lo está porque así lo ha decidido. Por el contrario, los alumnos de secundaria o primaria están obligados a asistir al centro escolar de turno, así que los profesores no sólo tienen la obligación de impartir clase, sino que también han de hacerlo de manera atractiva. Antonio, que así se llamaba el buen hombre, me contestó que, dado que jamás había dado clase en la universidad, ni en ningún otro sitio, lo más prudente era que me callase; que no era lo mismo cumplir con las expectativas de los niños o de los adolescentes, que con las de los universitarios; y que con esto no quería decir, en absoluto, que con unas resultara más fácil que con otras, sino que todas eran distintas y, por tanto, requerían de metodologías y didácticas diferentes.

En mi defensa alegaré que aún estaba en primero de carrera. Cuando eres joven, te conviertes en el primer miembro de tu familia que pisa la universidad y, además, llevas ya contigo un cierto bagaje de experiencia y aprendizaje vital, te vuelves bastante idiota. Todo lo sabes, porque cualquier problemática, cualquier realidad queda simplificada con lógica suficiente como para que tú lo puedas explicar con un argumento sólido e indestructible. Paparruchas, que diría Mr. Scrooge. Cuanto más mayor me hago, más dudo, más complicado lo veo todo, mayor es la escala de grises y más razón le doy al profesor de gramática española de la facultad que me cerró la boca por la vía rápida. He juzgado más difícil la literatura infantil y juvenil cuando, en el fondo, no tengo ni idea de si escribir una novela para adultos sería realmente más sencillo o no. Simplemente, es distinto.

De repente se me enciende una bombilla. No sé qué significa, pero puede que me ilumine en el momento justo, si es que ese momento no es ahora mismo. Abro otro documento nuevo y empiezo a escribir todas estas reflexiones. *"No es una cuestión de nivel de dificultad; es una cuestión de método"*. A ver, no es tan sencillo: las diferencias entre una novela juvenil y una novela adulta abarcan bastantes puntos, relacionados con el mensaje y con el estilo. Por ejemplo, una historia de amor juvenil no prioriza sobre los mismos aspectos que una historia de amor maduro. Las cosas que comienzan a descubrir los protagonistas de la primera, los de la segunda las tienen más que descubiertas. Las novelas de narrativa adultas son más reflexivas, tienen menos diálogos, presentan personajes más sólidos. En las novelas juveniles hay más acción, el mensaje se presenta más directo y los personajes son más cambiantes. El lenguaje es muy distinto en unas y en otras. Tengo que trabajar todo esto. Escribo y escribo sin parar. Quizá debería hacerme con varias de las mejores novelas juveniles de todos los tiempos.

En medio de tales divagaciones, levanto la mirada y me encuentro con la suya fija en un libro. Ha entrado y se ha sentado a dos mesas de distancia sin que me haya enterado. Me doy cuenta de que mi corazón ha dado un pequeño salto de alegría, pero está volviendo a la normalidad rápidamente. Ha sido el susto de encontrarme, veinte años después, a una de las personas que más admiro. Me sorprende que esté igual, los años no han pasado por su rostro, siempre serio y concentrado. Me debato entre levantarme y saludar o, simplemente, recoger mis cosas y marcharme a casa. Tiene el porte elegante de las personas brillantes, cultivadas. Un sentimiento de enorme respeto y fascinación me lleva a querer agradecerle sus agradables clases. Pero me puede la vergüenza, seguro que ni se acuerda de mí. Pago la cuenta y salgo a la calle.

De aquel período transitorio antes de que mi abuela se convirtiera en nonagenaria, no recuerdo mucho más. Tiendo a olvidar los momentos que me dejaron mal sabor de boca y que, además, no me trajeron aprendizaje alguno. Sólo sé que yo trataba de tener una vida al margen de lo que era cotidiano en casa, que a duras penas lo conseguía y que, consecuentemente, poco a poco iba notando más el peso de la carga, el desgaste de una convivencia que no era de igual a igual, porque ella cada vez dependía más de mí. Yo era su cuidadora directa, luego estaba Rogelia y, por último, los demás.

Recuerdo que cuando me preguntaban si tenía hijos, siempre respondía que sí, que tenía dos hijas: una de noventa años y otra de cuatro patas. Tras tres relaciones largas fallidas, dada además la inestabilidad de mi situación laboral y la falta de voluntad de implicarme emocionalmente en más historias, decidí meter mi corazón bajo siete llaves en el sótano de mi guarida. Hay quien se casa con la persona que ama; hay quien se casa con su carrera profesional. Supongo que yo me casé con mi abuela.

No me quejo. En parte, pude disfrutar de mi veintena gracias a las amigas como Victoria, Almu o Lorena, todas de la época del instituto, aunque, con el tiempo, unas se fueron alejando más que otras. Salí, bailé, me emborraché, reí, lloré, amé, viajé... Viví, en mayor o menor medida, disfruté todo lo que pude y, cuando volvía a casa, intentaba sacar siempre lo mejor de mí. A veces lo conseguía, otras veces no. Veía a mis amigos avanzar, en sus proyectos, en sus sueños, en sus matrimonios, en su paternidad. Y yo seguía igual que siempre y el agravio comparativo comenzó a hacerme mella.

No creo que sea una persona negativa, en absoluto. Pero sí he pasado por muchas situaciones que me han llevado a mirarme por dentro. Cuando un niño es el centro de las burlas de sus compañeros de colegio durante toda la escolaridad, ese niño no hace otra cosa sino preguntarse qué hay de malo en él; por qué nadie puede quererlo; por qué no tiene derecho a querer a nadie. El tiempo pasa y las cosas se van superando, pero ese tipo de experiencias marcan, en la forma de ser y de relacionarse con los demás. Eso me ha permitido asimilar las vivencias relativamente rápido, porque soy muy consciente de mí misma, de cómo funciono. Pero al mismo tiempo me convierte en una persona muy compleja, terriblemente reflexiva e, irremediablemente, solitaria.

Con todos estos pensamientos en la cabeza, me dirijo al coche con la Tula. A la que nos acercamos, empieza a trotar alegremente. Sabe que el coche es sinónimo de sitios nunca explorados, de nuevos aromas y texturas. Mi utilitario está a medio camino entre el coche normal y el monovolumen, lo que permite que la Tula pueda viajar en el maletero confortablemente. Suele ir tumbada, pero de vez en cuando se asoma por detrás del asiento trasero y me mira a través del espejo retrovisor. Es tan bonita que me la comería a besos.

La mayor parte de mis viajes han sido por carretera. Viajar de otras formas puede que sea más rápido, más cómodo, pero no te da la sensación de libertad que encuentras al volante: no eres tú quien lleva las riendas de la máquina ni tienes potestad para hacer un descanso cuando y donde te venga en gana, zamparte el bocata del almuerzo con un refresco, darte un paseo por el lugar y pararte a contemplar el paisaje durante unos minutos, antes de volver al coche a continuar la marcha.

A aquellos veranos en Cullera, adonde viajábamos con el coche lleno de maletas y docenas de huevos, les siguieron otros con viajes de más de seis o siete horas de duración, metidos en una furgoneta blanca, rumbo al norte. Aquellas visitas a Burgos, Rioja, Pirineos, Asturias, Galicia, Salamanca o Soria, tenían el sonido de El último de la fila y su *Astronomía razonable*; tenían el sabor del buen embutido, los pescados frescos y el vino sabroso; tenían el olor del campo, el pan cocido en el horno de toda la vida y el salitre del Cantábrico; tenían el tacto del aire impoluto, el sol justiciero por las mañanas y las mantas sobre la cama por las noches; y tenían mil millones de hermosas visiones que guardo en mi cabeza.

Por todo esto, quizá, siempre supe que me gustaría conducir. De cría subía al asiento del conductor del Talbot rojo de mi tío, agarraba el volante y echaba a volar la imaginación. El coche estaba aparcado, pero yo me imaginaba en una carretera recta, interminable, con campo abierto a ambos lados y montañas a lo lejos. Mi atracción de feria favorita eran los autos de choque que, paradójicamente, no empleaba en chocarlos contra nadie: yo iba a mi bola, dando vueltas por aquella superficie, esquivando a los demás, porque lo que quería era conducir. Un año, en 3º o 4º de EGB, nos llevaron a un parque infantil de tráfico. Nos explicaron las reglas de civismo básicas: semáforos, cedas el paso, pasos de peatones, etc. Y luego vino lo divertido: el paseo en kart. No sé la cara de alegría que debía tener, pero por dentro me sentía henchida de felicidad. Deseaba ser mayor, sacarme el carné y tener mi propio coche.

Hoy vuelvo a la carretera y disfruto de sus curvas, de sus cambios de rasante, de los puertos de montaña, del asfalto parcheado, entre los espléndidos paisajes montañosos de la comarca del Maestrazgo. Y a la sensación de libertad que recupero de aquella vez que llevaba el volante de un kart en el parque infantil de tráfico, se suma la felicidad de llevar conmigo a ese ser peludo que me ha curado el alma en los últimos meses.

Este viaje ha tenido el sabor de las empanadillas del horno de Forcall y de la cerveza fría que llevaba en la nevera; ha tenido el olor de todas las vacas que nos hemos encontrado por el camino; ha tenido el tacto de su lomo en mi mano y de su cabeza en mi regazo; ha tenido la visión de la puesta de sol desde lo alto de un castillo medieval de origen árabe en Vilafamés; y ha tenido el sonido de *With or without you* de U2 cantado a grito pelado en el coche cuando volvíamos a casa.

Vuelvo a tener todo el tiempo del mundo para leer, ver películas, pasear o, incluso, ir a la playa. Sin embargo, llevo varios días bastante apática. He estado viendo algo de cine, he leído un poco, pero no aprovecho las horas, al contrario, se me escurren como el agua entre los dedos. Me evado con facilidad. Entro en su dormitorio, que ya está bastante desnudo. He puesto los muebles a la venta, pero no ha llamado nadie. Al final me veo malvendiéndolos en el rastro. Ya tengo el bote de pintura preparado. También debería ir a comprar una pieza que me falta para la barra de la cortina. Pienso en todo esto apoyada en el quicio de su puerta. Sé cómo quiero construir la nueva estancia y quisiera hacerlo ya, pero si algo estoy aprendiendo en los últimos meses es que todo tiene su tiempo de tramitación.

Luego, me tumbo en el sofá, la tele apagada. Podría ir a hacer la compra, pero aún puedo aguantar un par de días más con lo que me queda en la nevera. No hay tareas que hacer en casa, todo está limpio y recogido. Tener un animal que está en plena muda de pelo me obliga a ser rigurosa con ese tema. La Tula se acerca y apoya su cabeza sobre mi regazo. La acaricio mientras cierro los ojos y me centro en discriminar cada sonido que me llega a los oídos: los vecinos, uno de mi misma planta y el otro del quinto, ambos igual de escandalosos, se hablan a gritos, aunque estén uno frente al otro; la tele de mi vecina; el tráfico de la avenida; una bandada de esos loros verdes que han ido reproduciéndose en los últimos años y que han ido echando de la ciudad a las palomas; una ambulancia. No sé exactamente qué hora de la tarde es, pero de repente me viene un sopor tremendo y siento cómo me voy quedando dormida.

En clase nunca sonreía. Marcaba tanto la distancia que a veces era una estatua de hielo. El tono de voz tajante parecía estar repitiéndonos constantemente: *"Yo aquí, en la tarima; y vosotros ahí, en la bancada"*. Caminaba con la espalda completamente enhiesta, la mirada altiva, el mentón ligeramente levantado. Sin embargo, en medio de aquel discurso que parecía construir con hormigón, iba soltando perlas, pequeñas sutilidades, a veces apuntes personales, a veces interjecciones. Eran los pequeños resquicios por los que podía verse algo de la persona tras aquella toga que daba la cátedra. La primera vez que vi su sonrisa fue en una ponencia que daba alguien que estaba sentado a su lado y que hablaba sobre las confusiones a que daba lugar la jerga médica. A mi alrededor escuchaba diversas opiniones sobre sus clases, pero a mí me parecían excelentes: la materia era atractiva, sabía transmitirla, se notaba que le apasionaba lo que hacía. Podría haber estado hablando durante horas y horas y me habría tenido escuchándole todo ese tiempo. Me puso un notable en su asignatura. Nos cruzamos por los pasillos de la facultad tres o cuatro veces más y ya está. Veinte años después toma un té y lee un libro a dos mesas de distancia de donde me encuentro. Y entonces levanta la mirada, busca la mía, me sonríe y yo me despierto.

Me incorporo en el sofá. La luz que entra por la ventana me hace pensar que el ocaso está cerca. En algún momento de mi siesta, la Tula ha sacado su cabeza de entre mis manos y se ha tumbado en su colchoneta. Al verme levantarme, se pone en pie ella también. Sabe que es su hora. Pienso en el sueño que he tenido y me pregunto qué significará. Reconozco que me encantaría compartir un café con semejante referente en mi vida académica, conocer a la persona, que hubiera algo de trato, ojalá una amistad. Es curioso que alguien, con quien jamás intercambié directamente ni una sola palabra, sea tan especial para mí.

El lamento de la Tula me devuelve a la realidad. Me calzo las sandalias, le pongo la correa y salimos por la puerta. La puesta de sol tiñe el cielo raso de un color anaranjado que va tornándose en rosado, lila y añil a medida que alejo la visión de la línea del horizonte. Decido ir próximamente a algún lugar especial para contemplar el ocaso, algún lugar como la Albufera, por ejemplo; el atardecer visto desde allí es precioso. El final de la primavera está siendo muy agradable. El calor no aprieta demasiado, el aire es fresco y las chicharras, por ahora, permanecen calladas. Cuando empiecen a cantar será verano de verdad.

No recuerdo exactamente cuándo fue, pero hubo un día en que de repente lo vi. Mi abuela se había convertido en una anciana sin darme cuenta. O tal vez sí me había percatado, pero no quise ser consciente. No lo sé. Simplemente un día la miré y lo vi: la cara arrugadita, los ojos pequeños y vidriosos; caminaba jorobada, con la cadera desplazada hacia un lado consecuencia del peso de los años, de la artrosis y del hastío por seguir viva a esa edad a la que, según ella misma, ya no valía para nada más que para dar faena. Se apoyaba en un bastón de cuatro patas con una mano y sobre la pared del pasillo con la otra, dejando impreso en la pintura un reguero de grasa, acumulada paso a paso en su camino al baño.

Me quedé pensando que un día ella fue como yo, ágil y rápida en los movimientos, con buenos reflejos y fortaleza en las piernas; alguien que no tenía que esperar a que otra persona la levantara del suelo si se caía. Me quedé pensando en la energía con la que me restregaba las rodillas de pequeña o en la velocidad de sus pasos, que me costaba alcanzar, cuando me llevaba al colegio. La miraba avanzar, baldosa a baldosa, por el pasillo y entonces lo vi. Supe que el día inevitable podría ser ése mismo, o el siguiente, porque el final estaba ahí ya, acechando. Y, aunque tardaría algunos años, nada sería lo mismo ya. Mi abuela, que había empezado siendo mi madre, ya era mi bebé. Y allí estábamos las dos, con la densidad de los sesenta años que nos distanciaban, una sobreviviendo a las prisas del tiempo y la otra resignándose a la idea de que es imposible escapar al deterioro de la vida. A veces no sabía bien quién era ella y quién era yo.

Por aquel entonces yo rondaba la treintena, acababa de quedarme en el paro, había roto con mi pareja y volvía a empezar de cero por enésima vez. Todavía no me había dado cuenta de que la energía que me absorbía mi situación doméstica era tanta, que comenzaba a no tener ganas ni ilusión por todo aquello que toda mujer joven ha soñado en alguna ocasión: conocer a alguien único en el mundo, compartir la vida y formar una familia. Mi meta se transformó radicalmente de manera bastante brusca en tener un trabajo estable que me permitiese independizarme. No habría dejado de estar pendiente de mi abuela, de cuidarla y acompañarla, pero ansiaba con urgencia tener un lugar propio, todos mis anhelos en la vida se reducían a eso.

Lo cambiante de las aspiraciones en la vida es algo muy curioso y, al mismo tiempo, decepcionante. Hay quien diría que adaptar los sueños a las necesidades no sólo no es desalentador, sino que además es una visión realista del camino por donde uno transita, porque tener sueños más allá del límite de plausibilidad sí que supone un riesgo de frustración que podría ser hasta doloroso. Pero eso implica conformarse con unos mínimos sin mayor pretensión que la supervivencia. Cuando se es joven, se proyecta más allá, se ambiciona, porque si uno no cree ni por un solo momento en la posibilidad de que tal vez pueda llegar, como mínimo, un poquito más lejos de la marca que se había puesto, irremediablemente acabará haciéndose viejo antes de hora.

Lo malo de todo esto es que sólo sirve para cosas que dependen en un porcentaje muy amplio de uno mismo. Nadie tiene garantizado el triunfo en ningún ámbito de la vida: los resultados suelen llegar por una combinación de esfuerzo y suerte; o por la falta de ambas cosas. En teoría, cuanto más trabajes, mayor fortuna tendrás. Pero en la práctica, el devenir de los acontecimientos es bastante aleatorio, porque la suerte tiene todo que ver con estar en el lugar y en el momento adecuado, lo que es imposible de prever. Sin embargo, qué tranquila se queda la conciencia al saber que estás poniendo todo de tu parte, independientemente de cómo te vaya: eso es lo que depende de uno mismo, darlo todo, hacer lo que está en tu mano, persistir. Y confiar en que, tarde o temprano, los frutos llegarán.

Me viene a la mente aquel señor del autobús: *"Tendrás una buena vida porque tienes un buen corazón"*. Lamentablemente, ser buena persona tampoco es un aval de que la vida te vaya a sonreír abiertamente. No es que me queje de la mía, he sido y soy muy privilegiada en algunas cosas. He tenido grandes carencias en otras. Y afronto mi futuro aceptando una soledad que me he ido labrando, antes por necesidad, después por costumbre. Cuántas buenas personas esperaron una buena vida sin que llegasen a tener nunca esa dicha, mientras muchas de las que son malas la consiguen sin despeinarse. Por otro lado, qué valor tendría entonces tener buen corazón sólo por la recompensa y no por la convicción y la satisfacción de hacer el bien o de, al menos, intentarlo.

En la vida, con todo aquello que no depende de uno, sólo cabe tener esperanza. La que me hacía desear, cuando era pequeña y lo pasaba mal, que llegara pronto la noche para encontrarme al abrigo del hogar. La esperanza de evitar lo malo y atraer lo bueno, de que el viaje sea tranquilo y, al final, no haya sufrimiento; y mientras tanto, que haya miradas, sonrisas, manos cogidas y *tequieros*. Hasta qué punto se puede hacer algo por ganarse todo eso, a mí ya se me escapa. ¿Puede uno merecer que los demás le quieran? O lo contrario. Yo creo que no. Puedes pasar de sentirte muy tenido en cuenta a muy olvidado en cuestión de pocos meses sin que haya habido cambios trascendentales en ti o en los demás, sino más bien en las circunstancias que os envuelven. Puede ser que conozcas a alguien y los dos seáis extraordinarios y sin embargo no estéis en la misma onda y no surja ni una mínima chispa de conexión. Y tienes que ajustar tus expectativas a la realidad, porque por más que te empeñes, no está en tu mano. En eso consiste conformarse.

Cuando eres joven, tus sueños vuelan más alto que tú. Luego la vida pasa y terminas aspirando a que el equilibrio se mantenga, porque las ilusiones son para quienes no tienen el alma quemada, ni callos en las manos, para los que tienen la piel de los ojos tersa de no haber llorado mucho. Todavía.

A medida que pasan los días, siento cómo la novela se va convirtiendo en un trozo de filete de ternera demasiado pasado por la sartén que, a base de masticarlo y darle vueltas en la boca, acaba siendo una bola de cemento armado indigerible. Ya no llevo la velocidad de crucero con que escribía al principio y, aunque tengo claro cómo quiero que acabe la historia, se me está complicando el desarrollo.

Entre tanto, sigo con mi vida de señora jubilada, paseando, leyendo, cocinando y yendo a la playa con mi madre. Casi sin darnos cuenta, ha llegado el mes de julio, con su bochorno y sus noches tropicales de dormir completamente desnuda y con el ventilador puesto. Se avecina un verano largo, sin viajes y con mucho tiempo de soledad. Así que hago lo posible por llenarlo de actividad cerebral, que es lo único que me salva del tedio, y a las lecturas y sesiones de candidata a escritora novel, he sumado mis ratitos de crucigramas y autodefinidos. Empiezo a valorar la posibilidad de que haya señoras jubiladas con una vida mucho más estimulante que la mía, a menos que tengan más de ochenta años.

Mi madre me dice que está preocupada por mí, que vivo demasiado encerrada y que debería salir. Yo le digo que ya salgo, todas las mañanas y todas las tardes, a darme largos paseos con la Tula, aparte de mis visitas al supermercado para hacer compra. Ella me aclara que con lo de salir se refería a hacer cosas fuera de casa para conocer a alguien. Yo le respondo que ya he conocido a varios *álguienes* en los últimos tiempos, pero que no todo es cosa mía y que, si esas personas optan por no mantener un trato mínimo, yo tampoco puedo hacer más. Al final me espeta que soy demasiado rara y que por eso la gente acaba alejándose de mí. Me la quedo mirando y le digo que yo también le quiero.

Tenemos una relación muy especial, mi madre y yo. Pero somos, en esencia, muy distintas. Sé que hay cosas de mí que no entiende. Nunca me lo reconocerá abiertamente, pero estoy segura de que le habría gustado que en algunos aspectos yo fuese de otra forma. Es algo que veo claramente cada vez que me recuerda lo rara que soy, algo a lo que, por otro lado, estoy muy acostumbrada. Mi abuela no me lo decía con palabras, pero con la mirada interrogante y sorprendida expresaba igualmente su perplejidad ante algunas de mis respuestas.

Hace poco me contaba una mujer unos años mayor que yo, que había sido madre muy joven, que es inevitable que los padres deseen toda la felicidad del mundo a los hijos y, en esa felicidad, va incluido el amor de la pareja. Yo le pregunté si había alentado alguna vez a su hijo a ser feliz por sí mismo, antes de que esa dicha dependiera de otra persona. Y me contestó que sí, que por supuesto, pero que no deseaba que su hijo se quedase solo. Ningún padre desea la soledad para su hijo.

Supongo que es normal que mi madre se preocupe por mí, me lleva un cuarto de siglo de ventaja en experiencia. Ya sabe que no le haré abuela y que con aguantarme a mí misma tengo bastante. Al menos, por ahora. Pero entiendo que todo eso le pese y que le chirríe esta vida ermitaña que hago, porque ella se muere por salir y sentir la vida fuera de sí y yo no hago más que generarla dentro de mí. Son conceptos muy diferentes de estar en el mundo.

Esta tarde he querido que paseáramos por Patraix. Lo mejor del verano es que las horas vespertinas con luz solar permiten estas rutas callejeras de trazado circular, itinerario improvisado y larga duración. En invierno no apetece pasar tanto tiempo fuera de casa si no es para ir a meterte a otro sitio. Incluso la Tula prefiere pasear lo justo, especialmente por las noches. Sin embargo, el paseo de hoy no tiene nada de espontáneo: es el que tantas veces he recorrido empujando la silla de ruedas de mi abuela con la Tula a su lado. Desde la plaza principal del antiguo municipio, pasando por las frondosas arboledas que lindan el parque de Enrique Granados, hasta las calles abiertas sin edificar cercanas a la parada de metro de Safranar, hemos caminado tranquilas, con parada en heladería incluida. Hay que hidratarse.

Volviendo a casa he parado a saludar, en la calle de atrás, a una vecina que tiene una perrita que se llama Canela, pese a que el animal es de color negro casi en su totalidad, a excepción de un poco de pelaje blanco y las cejas, que sí son del color de su nombre. La dueña le llama Cane, por abreviar. Es una perrita ya mayor, pero, cuando me ve, se me acerca al trote, moviendo la cola con todo el ímpetu de que es capaz, con la clara intención de que le acaricie. Yo le rasco y le masajeo el lomo. Y entonces ella me entorna los ojos, como diciendo: *"Ay, qué gustirrinín"*.

Los animales son como las personas: con algunos logras tener una conexión especial, aunque no los veas regularmente. Los días que, al pasar por su patio, veo a Cane sentada sobre el banco de piedra, junto a su dueña, son días bonitos para mí, porque cuando me acuesto por la noche y pienso en cómo ha ido la jornada, caigo en la cuenta de que al menos hubo un ser de fuera de mi familia que se alegró de verme.

Las personas somos lo que hemos provocado en los demás, los sentimientos que hemos despertado, los recuerdos que hemos ayudado a generar, lo que hemos hecho por ellos. Cuando dejas este mundo, no hay sólo una imagen tuya, completa, inquebrantable. El día que yo me muera habrá una Noelia distinta por cada persona que vaya a mi funeral. Incluso puede que haya dos o más Noelias que sean incompatibles entre ellas, quién sabe. Somos como se nos ve desde fuera, eso es lo que se escribe en los obituarios, lo que se comenta en los tanatorios, nadie deja registrada una definición de sí mismo para cuando se vaya al otro barrio porque no tendría ningún valor: lo que importa es la impresión, la huella que dejas. Y es natural que no todos los recuerdos sean positivos, aunque al final sean éstos los que más se rememoren.

Mi abuela fue la segunda esposa de su marido, un viudo que aportaba dos hijos al hogar: un niño y una niña. El mayor murió antes de los veinte años por una negligencia médica. Para entonces, mi abuela ya había tenido otros tres retoños. No había gran diferencia de edad entre los dos primeros y los tres últimos, la normal, la que habrían tenido igualmente si los cinco hubiesen sido hijos del mismo padre y de la misma madre. Mi abuela sentía a los hijos de su marido como propios, pero no lo eran. Y cuando mi abuelo murió, la mayor, que entendió que ya no le quedaba familia directa, aunque compartiese sangre con sus medio hermanos, cogió sus cosas, se fue y nunca más se supo de ella. Supongo que la imagen que tenía de su madrastra no era muy positiva.

Mi tía recuerda que, siendo ella y mi madre muy pequeñas, tras la muerte del hijo mayor, tuvieron que vestir luto durante tres años; tres años que mi abuela pasó llorando, amargada por el dolor. Eran otros tiempos, otras costumbres y otras maneras de ser y de encarar las situaciones, seguramente muy marcadas por las carencias en su infancia y por la crudeza de su vida, en general. En cualquier caso, ésa tampoco es una evocación muy atractiva de su memoria.

Mi madre podría decir mucho de lo hiriente y retorcida que podía llegar a ser. De las discusiones que tenían a casi todas horas, especialmente cuando empezó a salir con el hombre que luego sería su marido. Yo tenía catorce años y mi madre volvía a sentirse bonita, objeto de interés a sus casi cuarenta. A mi abuela no le gustaba que mi madre se fuese de casa y no hacía más que demostrarlo, una y otra vez. Tampoco se trata de una visión suya muy halagüeña.

Quienes convivimos con ella conocimos su lado oscuro, del

mismo modo que ella conoció el nuestro, porque, al fin y al cabo, el roce continuo te lleva a dejar todas las cartas al descubierto: la única manera de jugar bien la partida es elegir las buenas aceptando las malas. Pero para eso es necesario el amor. Y ahí coincidíamos todos: aun con su carácter, cuya aspereza fue a menos con los años, su tendencia al pesimismo y su manera, infantil en muchas ocasiones, de eludir su propia responsabilidad en algunos asuntos, mi abuela era una persona generosa, bondadosa y mucho más empática de lo que demostraba ser. Y por eso la queríamos tanto.

El marido de mi vecina, que murió hace ya tiempo, sentía un gran cariño por ella. Cada vez que marcaba el Valencia, se picaban en la pared que separa su salón del nuestro y, al día siguiente, comentaban las jugadas. En el resto del edificio, se buscaba su compañía: mi abuela no iba a visitar a nadie, eran las demás vecinas las que subían a verla un ratito en las tardes de invierno. En el barrio, especialmente en el mercado, era una señora conocida y apreciada por todos. Nuestro médico de cabecera, Don José, le tenía en gran estima. Todas estas personas guardarían sólo buenas palabras para mi abuela.

Nadie es perfecto. Todos hemos dado impresiones de todo tipo. Yo también tengo motivos para hacer un análisis de los aspectos menos agradables de mi abuela. Pero la adoraba y, como es natural, con su muerte todo eso desapareció, quedó borrado de la memoria a la que van ligadas las emociones, de modo que acabaron siendo recuerdos que más parecieron haber sido vividos por otros que por una misma. El amor nos hizo persistir en la partida, sin cuestionarnos nada, porque el amor auténtico no se plantea ni se reconsidera, te lleva directamente a jugar cada baza de cartas lo mejor posible: yo, las mías, y ella, las suyas. Por eso, cuando la partida se acaba, prevalecen las virtudes frente a los defectos, las cualidades frente a los límites, el color frente al gris, los momentos de complicidad frente a los de desencuentro.

A veces me pregunto qué imagen tienen los demás de mí, la gente que hay en mi vida y la que no ha llegado a entrar, pero sí me ha tenido enfrente. Me gustaría verme desde fuera para valorar si estoy siendo yo o si estoy asumiendo una pose; si me caería bien y me causaría buena impresión o si, por el contrario, preferiría no volver a tener contacto conmigo misma. Es extraño cuánto me da de sí la mente para llegar a hacerme este tipo de reflexiones y cuestionarme estas cosas. Creo que tiene que ver con todo el tema de lo que pasé en el colegio; con comentarios que, de tanto oírtelos repetidamente durante mucho tiempo, acabas creyendo que son ciertos.

Me sorprende reconocerme, a estas alturas, tan llena de miedos e inseguridades, que seguramente han salido a la superficie ahora a causa de esta repentina soledad en que me hallo pasando los días.

Divago sobre todo esto tendida en mi cama de noventa centímetros de ancho, desnuda, escuchando el canto de las chicharras en la noche. Me he despertado sudando. En algún momento de la madrugada paró la brisa nocturna y se ha ido concentrando el bochorno en mi dormitorio. Hace mucha humedad, que es la característica del clima subtropical que sufrimos en estas latitudes, aunque no ha sido el calor lo que ha hecho que abriese los ojos, sino la imagen de mi abuela y la mía propia, juntas, paseando, al sol de enero, juntando nuestras cabezas y sacándonos una foto; la imagen de mi abuela convertida en niña, en bebé, ilusionada por lo guapas que hemos salido.

De repente me quedo en blanco, así, mirando el techo en la oscuridad. Y acto seguido, decido que no voy a dormir más y me levanto de la cama. Son las cinco y media de la madrugada. En este orden: me doy una ducha, pongo la cafetera y meto dos rebanadas de pan en la tostadora. Después, me pongo un pijama limpio y enciendo el ordenador. A ver si, entre la energía del desayuno y las ganas que me han entrado de escribir, desatasco mi proyecto de novela y consigo hacer que eche a caminar de nuevo.

Sobre la tabla apoyo una cebolla que corto por el centro. Le quito la piel a una de las mitades y la coloco para cortarla en juliana. Repito la operación con la otra mitad. Al fuego, el aceite que baña el fondo de la olla coge temperatura. Echo dentro la cebolla, la remuevo y me dispongo ahora a atacar los puerros. Mientras trabajaba en la novela a primera hora de la mañana, se han colado en mi mente varias alternativas culinarias para la comida y se me ha antojado una vichyssoise, que me sale muy rica, aunque esté mal decirlo.

Cocinar me relaja. No lo hago a menudo de forma elaborada porque siendo yo el único ser humano que se alimenta en esta casa resulta más cómodo recurrir a lo rápido y fácil. En ocasiones incluso envidio a la Tula por el hecho de que su alimentación no requiera más quebradero de cabeza que comerse su ración de pienso. Pero reconozco que me gusta comer, sano, rico y variado, no soportaría comer siempre lo mismo. Así que de vez en cuando me da el punto cocinitas y me lío el delantal a la cabeza. Además, me relaja porque al centrarse únicamente en esa tarea, la cabeza desconecta de todo lo demás. Tal vez me canse físicamente, porque el banco de mi cocina no está a mi altura y termino con unos dolores de espalda legendarios, pero al menos me descansa mentalmente.

Mientras iba paseando camino de la verdulería para comprar los puerros, he estado dándole vueltas a la idea de contactarle. No sé por qué, pero siento la necesidad de decirle que le vi en la tetería y que quería agradecerle su labor docente y decirle que le recuerdo con aprecio; el aprecio que se tiene por alguien a quien respetas y admiras, aunque no haya absolutamente nada personal en ello. Creo que las cosas buenas hay que decirlas más. Las críticas salen hasta de debajo de las piedras, en general, de todo el mundo para todo el mundo, pero cuando nos gusta algo de alguien, lo callamos; cuando alguien hace algo bien, no lo reconocemos; cuando nos han hecho sentir bien, no lo agradecemos. Habrá quien sí, de vez en cuando, pero no por costumbre, siempre, a todas las personas que se le crucen en el camino para mostrarle el lado luminoso de la vida. Para meternos con los demás hay disposición total; por lo visto, es más divertido. Pensaba en todo esto al regresar ya con los puerros en mi haber. Y ahora, mientras coloco la tapa de la olla a presión con cuidado, decido buscar la manera.

En los seis minutos que el vapor tarda en salir despedido por el pitorro, abro el portátil para escribirle un email a la dirección de correo electrónico de la universidad. *"Buenos días: Le vi la semana pasada leyendo un libro y tomando un té, pero no quise interrumpirle. Fui alumna suya hace veinte años y, tras haberle encontrado a pocos metros de mí, pensé que sería bonito ponerme en contacto con usted para agradecerle su labor y decirle que es de esos profesores que dejan huella. Espero que todo le vaya muy bien. Un saludo".* Releo. No me convence del todo, pero tampoco voy a extenderme más; así es un mensaje aceptable. Sin pensármelo una tercera vez, pincho en la tecla de envío y me siento como si me hubiese quitado de encima una losa de diez toneladas.

La figura del profesor siempre ha sido muy importante en mi vida. Al principio, porque eran las únicas personas que me trataban bien en el colegio. Años más tarde, en el instituto, los profesores fueron quienes me abrieron las puertas del mundo y del tiempo. Y finalmente, en la universidad, algunos llegaron a convertirse en un ejemplo, un modelo a seguir. Los motivos podían ser muy distintos, pero los hubo que pasaron por mi vida y ahí se quedaron para siempre, en mi manera de percibirla y entenderla. No tiene nada que ver con qué enseñan ni con cómo lo enseñan, aunque ambos aspectos puedan influir positivamente; se trata más bien de lo que el profesor hace sentir al alumno mientras enseña. Es algo que hace que ambas mentes conecten, aunque en la gran mayoría de las ocasiones el profesor no es consciente de esto porque, al fin y al cabo, la relación con el alumno es de individuo a colectivo.

No es casual que quisiera dedicarme a la docencia, independientemente del hecho de que sea la gran salida al mundo laboral desde mi carrera. Los profesores, en general, me ayudaron mucho, de maneras muy distintas, en mi desarrollo como persona y como profesional, les debo una parte muy importante de lo que soy y, aunque la mayoría no lo sepan, les estoy muy agradecida por el papel que cumplieron en mi vida. Creo que he hecho bien haciendo llegar mi gratitud y mi reconocimiento como alumna. No espero ninguna respuesta, aunque me gustaría tenerla.

Las verduras están hervidas, el nivel del agua es el adecuado y el punto de sal está perfecto. Saco la batidora del armario de los pequeños electrodomésticos y continúo en mi rol de chef casera con la receta de la vichyssoise. Aún no son las diez de la mañana, con un poco de suerte puede que a las tres de la tarde haya habido tiempo suficiente, primero, para que se enfríe a temperatura ambiente y luego reciba un punto más de frío en la nevera. Friego algunos de los utensilios que he usado para hacer la crema y me voy al sofá, a leer. Tras un minuto de trasiego adquiriendo la postura perfecta para no desnucarme, abro el libro. Antes de terminar la primera página, me he quedado dormida.

Un coche aparca en una plaza para minusválidos. Detesto eso. Si no encuentras un sitio cerca de donde quieres ir, mala suerte; sigue dando vueltas, pero no ocupes una plaza que está ahí para alguien que lo necesita más que tú. Somos muy egoístas y muy poco generosos, así, en general. No tenemos conciencia de sociedad, sólo de nosotros mismos y de nuestro grupo social. Más allá de la familia y de los amigos, a poca gente encuentras que te eche una mano y te diga *"Estamos para ayudarnos"*.

Pienso todo esto y, de pronto, me doy cuenta de que juzgo con precipitación y cierta agresividad: tal vez el conductor nunca aparque en plazas de este tipo; puede que siempre sea correcto, pero hoy, por una urgencia, haya tenido que cometer la infracción. Todos fallamos alguna vez. Reparo en lo fina que es la línea que separa al verdugo del indulgente. Me sonrío al caer en lo bipolar que puedo llegar a ser en cuestión de segundos y continúo observando.

Cuatro pisos más arriba, llora un bebé que no debe tener más de tres meses de vida. Su padre lo mece con un aire un tanto desesperado. Por detrás, asoma la madre de la criatura, que pone una mano en el hombro de su pareja y otra en la espalda del chiquitín. El llanto mengua, el padre se relaja y la madre parece sonreír. Se sientan los tres en un pequeño balancín, que parece metido con calzador en su terraza.

En el ático, un gato se pasea por la cornisa del balcón. Hay siete alturas hasta la calle, no sé cuántas vidas se le irían de golpe si se cayese. Me descubro sufriendo por el animalito, sin tener en cuenta que la torpeza humana va mucho más allá que la inteligencia felina. Con una agilidad pasmosa, como si no le costase nada, el gato brinca hasta la barandilla del balcón y, de ahí, a la terraza. Los gatos de mi madre son igual de temerarios.

Ah, ahí está. Pasa, como cada tarde, un chico de origen africano montando una bicicleta destartalada que a saber de dónde habrá sacado. Lleva un pantalón de tela y una camisa de manga corta desabrochada que le vuela sobre la espalda. Pedalea con parsimonia por la izquierda del todo porque va a desviarse por el carril de cambio de sentido. Admiro esa templanza. Qué vida tendrá tras de sí, en su país natal, para encarar tan alegremente el paso por el centro de una avenida de ocho carriles, sin importarle lo más mínimo que los coches lo avasallen. Él pedalea a su ritmo de seis por ocho, con su camisa desabrochada, sus pantalones raídos y sus sandalias de cuero, sobre una bicicleta sin luces a la que el óxido le ha robado su color original. El semáforo se pone en verde, el chico cruza la avenida hasta el otro lado, sube a la acera y se pierde calle abajo. Cada tarde sobre estas horas lo veo pasar. De dónde vendrá y a dónde irá, lo ignoro. Si le esperará alguien en casa con una bonita sonrisa y un beso de buenas tardes, tampoco lo sé. Pero deseo que le vaya bien y que la vida le compense las carencias que tuviera en su lugar de origen.

Desde la calle suben hasta mis oídos el sonido de las fichas de dominó estampadas contra la mesa de la terraza del bar. Cuando no pasa tráfico, resuena en los edificios de enfrente. Las vías de servicio a uno y otro lado comienzan a vaciarse de coches. Las vacaciones llaman a las puertas y Valencia se vacía poco a poco. En el edificio de enfrente, el bebé mama de la teta de su madre mientras su padre los mira; el gato está tumbado sobre la baranda del ático; y quien hubiese ocupado la plaza de minusválidos con su coche, ya la ha dejado libre.

Siento la mirada penetrante de la Tula en mí. Le correspondo y le sonrío. Me pregunto qué estará pensando, mientras me mira fijamente, qué querrá decirme, si es que quiere decirme algo. Veo en sus ojos vivos, del color de la miel, una paz que parece decirme *"Tranquila, yo estoy aquí"*. Tal vez se sienta mi salvadora y sería justo, porque lo es. De repente gira la cabeza y observa desde el balcón, como hacía yo dos minutos antes, los coches que van y vienen. ¿Dónde irá tanta gente?

Reclino el respaldo de la silla de la playa un poquito y reposo la cabeza mientras saco las puntas de los pies de debajo del lomo de la Tula para apoyarlos sobre los barrotes de la barandilla. Ella aprovecha para cambiar de postura y tumbarse del otro lado, de modo que su cabeza toca la parte de abajo de mis muslos. En esta tierra se dice mucho la expresión *tocar mare* para describir la necesidad de los niños pequeños de tener contacto con su madre, especialmente mientras duermen. Eso hace la Tula cada vez que me siento en el balcón y ella se tumba sobre mis pies, *tocar mare*.

Cierro los ojos y siento la brisa acariciarme la piel. A estas horas de la tarde en que el sol no aprieta y el viento sopla de Levante, siento un halo apacible envolviéndome, meciéndome, arrullándome. Tengo momentos difíciles, llevo semanas en que no sé nada de nadie y a veces siento la soledad como un peso enorme sobre mi cabeza. Pero lo normal es que me sienta así, tranquila, dichosa por las pequeñas cosas, consciente de cada momento, de lo bonito que es sentirse acompañada por los amigos; de lo esencial que es sentirse acompañada de una misma. Y de la Tula.

Los días pasan sin demasiadas novedades. Atrás quedaron los veranos llenos de vida social y viajes; de cenas en bocaterías entre jarras de cerveza y sangría; de mojitos y gintonics en los garitos de la plaza del Negrito o en las terrazas de la plaza del Doctor Collado; atrás las barbacoas en el chalé de turno, los baños nocturnos y los partidos de volley-piscina como Dios nos trajo al mundo; atrás las sesiones en las discotecas del puerto y los amaneceres en la playa, salpicándonos en la orilla del mar, dándole patadas al agua.

Hace dos años que no puedo permitirme viajar. Echo de menos los listados de cosas que llevar en la maleta y en la mochila; tener que estar en los aeropuertos a horas intempestivas y enlazar un avión con otro y éste con un tercero; adaptarme a una cama nueva cada tres días, cambiar divisas, caminar mirando hacia arriba para ver todas las cosas nuevas que nunca había tenido tan cerca; observar otras formas de moverse, de hacer las cosas, de hablar, de entenderse.

No está siendo un verano de añoranzas, sin embargo. Miro

mucho más al futuro que al pasado, pero a veces me vienen esos recuerdos, pequeñas partes de mi vida que no se dieron hace mucho y que disfruté tanto que no puedo hacer otra cosa al revivirlas mentalmente que sonreír. He sido muy afortunada, la verdad. Lo que la vida no me ha dado por un lado me lo ha dado por otro, y hay que saber apreciarlo y valorarlo en su justa medida. He sido muy privilegiada y siento una gratitud enorme por haber vivido y experimentado tantas cosas buenas.

Se acaba julio, casi no me he enterado del final de la primavera y el comienzo del verano ha pasado raudo y veloz ante mis narices. Dicen que cuanto más jugo le sacas a la vida, más rápido pasa. Parece que estoy disfrutando más de lo que soy consciente, pese a estar sola la mayor parte del tiempo. En las últimas semanas he visto a Victoria y a Almu, he salido a comer y a cenar por ahí con la familia, he paseado mucho con la Tula, he terminado de leer cuatro libros y he visto bastantes películas. Se puede disfrutar de distintas maneras, aunque no hagas nada extraordinario. O tal vez podamos hacer de cualquier cosa algo extraordinario que disfrutar. Probablemente sólo lo consigamos dejando que surja de manera espontánea, sin planificarlo todo.

Estoy sentada frente al portátil. Me gusta lo que llevo escrito, pero tengo la extraña sensación de que ahora no es el momento para contarlo. Sin embargo, necesito imperiosamente escribir. Es casi como una urgencia, tengo que escribir, pero no sé el qué para que salga algo auténtico, una historia de la que pueda afirmar que sólo en este presente podía sacarla de dentro de mí; dejarla plasmada ahí fuera y sentirme libre, porque ya no sería sólo mía, sino de todo el mundo que quisiera acceder a ella; y feliz, porque permanecería en el mundo exterior para siempre, sobreviviéndome si es posible.

Me levanto y comienzo a pasear la mirada sobre los lomos de los libros que abrigan las estanterías de mi dormitorio. Voy al salón para hacer lo mismo con los de la librería grande. Son tantos los que me han llenado y tantos otros los que me quedan por descubrir, que se acrecientan mis dudas de que yo pueda ser capaz de conseguir algo parecido. Ni tan siquiera estoy segura de que lo lograra con inspiración divina y un rendimiento máximo del que ahora no dispongo por completo, aunque cada vez siento un mayor deseo y determinación a meterme en retos importantes.

De pronto recuerdo que días atrás escribí un email y que no he vuelto a entrar en el correo para ver si he obtenido una respuesta. Retorno al escritorio donde he dejado el portátil encendido y abro mi cuenta. Me llevo una alegría al ver el icono de un sobre sin abrir. *"Estimada exalumna: Primero de todo, tutéame, por favor. Si hace veinte años de tu paso por las aulas, nos llevamos una década a lo sumo. Además, ya no estamos en clase. Efectivamente, es muy bonito que te hayas tomado la molestia de dedicarme esas palabras que, por otro lado, sientan tan bien al leerlas. Tienes mi permiso para interrumpirme si me vuelves a ver, me gustaría saludarte y agradecerte el gesto personalmente. Un abrazo"*.

Dar el primer paso cuesta. Dar el segundo, aún es más difícil. Responder al primer paso es cuestión de cortesía. Responder al segundo supone una disposición mayor. Y eso puede llevar a un tercer paso o no. Veremos. Pincho en el botón de respuesta y escribo: *"Hola de nuevo: Si te voy a tutear, permíteme que rebaje el tono de formalidad. Me hizo mucha ilusión verte, pero la verdad es que soy terriblemente tímida y me dio un poco de vergüenza, para qué engañarnos. De todos modos, tomo nota si se repite la ocasión. Recuerdo con cariño tus ejercicios de pragmática y conversación. Gracias de nuevo. Y también por la respuesta. Un saludo"*.

Cierro el portátil. Miro a través del balcón de mi dormitorio el inicio de la caída del sol. Es una tarde magnífica que bien merece un paseo por el antiguo cauce del río Turia. A la Tula le gustará correr un rato por allí. Le doy un silbido al que responde con una carrera por el pasillo. Vamos a divertirnos.

Tercera parte

—¡Noelia! —Pausa. —¡Noelia!

Mi abuela siempre me llamaba dos veces. Siempre. Daba igual para qué me llamase: tanto si era para que saliese al salón con ella a ver el final del partido de tenis, como si era para que le ayudase a levantarla de la cama porque se le había quedado dormida una pierna; siempre decía mi nombre dos veces. Lo último que dijo articulado, claramente, en varios momentos de la madrugada, dos noches antes de morir, fue *"Noelia"*. Y lo dijo dos veces.

La mayor parte de las ocasiones en que me llamaba me la encontraba en el suelo. Su mayor punto débil, las piernas, le fallaba con frecuencia. A veces iba a parar con su cuerpo sobre la colchoneta de la Tula, que se situaba a un escaso metro de su sillón. Otras veces me la encontraba en el baño. Menos fueron las ocasiones en que se cayó en su dormitorio. Pero la más alarmante fue en la cocina. Ni siquiera le dio tiempo a llamarme; antes de que lo hiciera, yo ya había acudido corriendo porque había escuchado el ruido del golpe. Un charco de sangre se agrandaba bajo su cabeza. Sabía que la sangre es muy escandalosa y que no hay que fijarse en ella, sino en el herido. Y mi abuela estaba consciente y con una expresión en la cara que más se asemejaba a la sorpresa que al dolor. Así y todo, me llevé un buen susto. Estuve presionando en la brecha, para cortar la hemorragia, hasta que llegaron los servicios médicos. Los camilleros, que parecían dos armarios empotrados, la levantaron del suelo como si fuese una pluma, le vendaron la cabeza y se la llevaron en ambulancia al hospital. Un golpe en la cabeza de una nonagenaria requería una visita a Urgencias.

En el TAC que le hicieron vieron un tumor cerebral petrificado. En algún momento de su vida brotó, creció hasta cierto punto y se solidificó. No le afectó a nada: ni al habla, ni al aparato motor, ni a la memoria. A nada. Mi abuela era una mujer titánica que hasta los noventa y cinco años jamás tuvo que pasar por el hospital, ni siquiera para parir. De todas las veces que se cayó, jamás se rompió un hueso. Nunca tuvo un infarto, nunca se desmayó, nunca nos dio un susto lo bastante gordo como para que nos tuviésemos que preocupar. Así de malacostumbrados nos tenía. Pasó una noche en observación y a la mañana siguiente fui a recogerla. Estaba contentísima de lo bien que le habían tratado en el hospital.

Como si le hubiese cogido gusto, a las dos semanas tuvimos que volver. No podía levantarse, no tenía fuerzas. Me alarmé y llamé al médico. Estaba tan apagada, era tan diferente a lo que siempre había sido, que me temía lo peor. Casi me costó una hernia poder sentarla en la silla de ruedas, llevarla al baño, colocarla en la taza del váter, limpiarle y volver a ponerla en la silla de ruedas. Era la cara menos amable de sus cuidados, pero lo hacía con el corazón, como tantas veces lo hizo ella por mí cuando yo era pequeña. Aquella segunda visita al hospital la motivó una bajada de potasio agravada por insuficiencia renal. Pasó otra noche en observación, con un gotero de potasio en vena, y a casa de nuevo. Le llenamos la dieta de espinacas, legumbres y plátanos. La pobre, comía sumisa y sin rechistar lo que le ofrecíamos por su bien. Aunque se le agrandaban los ojos cuando alguna que otra noche le hacíamos para cenar patatas con huevos estrellados.

Pocos días después, ya recuperada y con fuerzas, mi madre tuvo un accidente paseando con ella en la silla de ruedas. Se le encallaron las ruedas delanteras en un socavón de una de las aceras del barrio, en bastante mal estado. Llegamos a poner una denuncia al ayuntamiento, pero pasaron olímpicamente del tema y ahí siguen los baches. La silla volcó, mi abuela se dio de bruces y mi madre casi tuvo un ataque de nervios. Fue la tercera y última noche que pasó en observación. A la mañana siguiente estaba de nuevo en casa, con las heridas curadas y algún que otro moratón.

Aquellas tres incursiones en el hospital dentro del plazo de un mes, aproximadamente, supusieron las únicas tres noches que yo había dormido sola en la casa hasta entonces. La Tula me hacía compañía, durmiendo bajo mi cama, pero yo miraba al techo en la oscuridad, consciente de que mi abuela se encontraba a dos manzanas de mí y notando su ausencia en el dormitorio contiguo. Me sentí extraña y pensé ya entonces en cuánto me afectaría el día que se fuese para siempre. Supongo que era natural que me planteara esa situación después de toda una vida junto a ella.

A medida que pasaron los últimos meses, fui tomando conciencia de que ese día se acercaba irremediablemente. Sin embargo, y a su pesar, porque lo cierto era que no paraba de dar la murga con las ganas que tenía de que se la llevasen al otro barrio, estaba tan bien de salud, tan bien cuidada y tan bien alimentada, que todos en la familia estábamos convencidos de que la veríamos soplar las cien velas. El fiestón que habríamos organizado de haber sido así habría pasado a los anales de la historia con toda seguridad.

En la madrugada de un día de finales de octubre, la escuché, medio adormilada, gritar mi nombre. Dos veces. Ya se había caído esa misma semana, tres o cuatro días antes. Me la encontré en el suelo del salón, junto a su sillón. Era habitual que a mitad de la noche se levantase, cansada de estar en la cama, para continuar durmiendo sentada allí. Al parecer, era lo que había intentado hacer en ese instante, pero se cayó. Y allí tendida, con el andador volcado en el suelo y el sillón un poco desplazado, gritó mi nombre para que fuese a levantarla. Gritó mi nombre dos veces.

Fueron bastantes los años, pasándole los brazos por debajo de los suyos, abrazándola por detrás, en cuclillas, tomando aire antes del esfuerzo, a pulso, como quien tiene que alzar una roca del suelo para colocarla en lo alto; fueron bastantes los años levantando su cuerpo, pequeño pero grueso; frágil pero sólido; inestable, pero contundente. Perdí la cuenta, de los años y de las caídas, simplemente acudía y le ponía en pie de nuevo. Menos aquella noche. La última vez que se cayó fue la única que no pude levantarla. Fue la única ocasión en que quien falló fui yo.

El calor húmedo de agosto me abofetea en la cara al bajar

del autobús, que llevaba el aire acondicionado a una temperatura propia de Siberia. En la plaza del Ayuntamiento, atestada de hordas de turistas que se entremezclan con los aborígenes a cada paso que dan, cruzando los pasos de cebra, entrando y saliendo de las tiendas o compartiendo refrigerios en las terrazas, el verano bulle. Y yo me encamino hacia la calle de Correos, para entrar en la cervecería The News, donde he quedado con Victoria.

—¿Has comprado muchas cosas? —le digo sonriente nada más llegar hasta ella.

—Alguna cosa ha caído, pero vamos, que ya está lo de otoño por todas partes. Y ponte a comprar cazadoras con este calor… —me responde mientras me da un abrazo fuerte y un beso. —¿Qué tal?

—Bien, bien. —Le sonrío—. Creo que es la primera vez en todo el verano que salgo de mi casa sin la perra y sin que sea para ir a ver a mi madre.

La camarera nos pilla riendo cuando viene a tomarnos nota. Dos pintas, por favor. Gracias. Y seguimos.

—Pues me alegro de que te relaciones con otro ser humano más. ¿No sabes nada del resto de tus amigos?

—No. Les mandé un mensaje hace unos días, pero me han

respondido tres personas de doce. No sé, yo he estado muy distante estos meses, la verdad. Puede que estén molestos. O decepcionados.

—Puede, pero si es así, tampoco lo entiendo, Noe, sinceramente.

—Lo más probable es que ni siquiera tengan tiempo de pensar en nadie que no esté en su entorno más próximo. Todos están casados, tienen hijos pequeños y trabajan.

La camarera nos trae las pintas y un platito con frutos secos de diferentes tipos. Volvemos a darle las gracias y continuamos.

—Yo también estoy casada, tengo hijos pequeños y trabajo. Y aquí estoy, tomándome una cerveza contigo —contesta Victoria. —Pero bueno, yo te conozco desde mucho antes de perder la inocencia. La inocencia y otras cosas.

—¿El juicio? —Nos reímos las dos y entrechocamos los vasos—. No sé, Victoria, no quiero darle muchas vueltas. A veces estas cosas pasan. La gente viene y se va. Desde su perspectiva, yo me fui antes. Y no importa la causa ni las condiciones, me fui y ya está. Son buena gente, se merecen buenas cosas.

—Nadie discute eso.

—Al final todos vamos a nuestra marcha. —Bebo un trago

de cerveza—. ¿Sabes algo de Almu? —le pregunto porque sé que entre ellas tienen más contacto.

—La llamé hace dos o tres semanas. Está liada con obras en su casa. ¿Tampoco hablas con ella?

—No se ha terciado aún, desde primavera. No ha pasado nada. Es un poco lo del resto de mis amigos, que con su vida ya tiene bastante. Bueno, eso supongo. Pero no es una crítica —aclaro. Las tres somos amigas desde hace muchos años.

—¿Sólo hablas conmigo?

—Si hablo contigo, tú me respondes. Y si no te hablo, entonces lo haces tú y yo te respondo. Retroalimentación se llama. O *feedback*, que está muy de moda ahora decirlo en inglés.

—Esa sutil ironía...

—No, en serio. —Le sonrío, pacífica, es lo que siento en realidad—. Todos habéis hecho vuestra vida, habéis creado vuestros hogares, todo eso. Yo tengo que hacer lo propio. Y cuanto más feliz me siento en mi nueva realidad, menos necesito de los demás. La diferencia es que yo lo hago en soledad y eso puede ser un poco peligroso, no sea que termine asocial perdida. Vamos, más de lo que ya soy.

Volvemos a reírnos. Los frutos secos están muy ricos e invitan a seguir bebiendo. La cerveza, una tostada irlandesa, también está deliciosa. Vemos a la gente pasar por delante del ventanal junto al que estamos sentadas. Son las siete y media de la tarde, pero parece mediodía, el sol todo lo llena.

—No creo que seas asocial. Selectiva sí, pero tú no huyes de las personas —dice Victoria dejando de prestar atención a lo que pasa en la calle.

—¿Sabes aquello de *"Cuanto más conozco a la gente más quiero a mi perro"*? —Provoco la carcajada de mi amiga.

—Mujer, es que la Tula es un amor. —Me hace reír ella también.

—Con el corazón en la mano te digo que en el mundo hay personas maravillosas. Algunas se quedan, como tú. Y otras no, pero no dejan de ser maravillosas por eso. —Me echo un cacahuete a la boca—. Lo que importa es el tiempo que estuvieron a mi lado. Me hicieron feliz. Y ya está.

—Por ellos, entonces. —Levanta su pinta y bebe.

—Por ellos. —Levanto mi pinta y bebo.

Tiene diez años más que yo. Estudió lo mismo que su hermano mayor. Asegura no saber cuántos libros ha escrito. Le apasiona tanto la docencia como la investigación. Se separó antes de nacer su única hija. La mayor parte de sus viajes son por trabajo. Le gusta la buena comida. Su cultura cinematográfica es apabullante. Suele escuchar la misma música, una y otra vez.

Los emails son más bien escuetos y caen con cuentagotas, pero continuamos escribiéndolos. Pasan días entre una respuesta y otra. Y mientras tanto, agosto avanza con mi tranquila rutina veraniega: a los breves baños de sol en la playa le siguen los ratos de lectura en el balcón, interrumpidos momentáneamente por una ligera siesta, con la Tula a mis pies; y tras los paseos al atardecer, cada día por un barrio distinto de la ciudad, llegan las solitarias noches frente al televisor.

Le he contado que estudié lo que más me atraía del catálogo de carreras universitarias sin estar del todo convencida, pero me titulé feliz por la decisión tomada. Le he mostrado mi admiración porque sus libros son su gran legado. Sabe parte de mi pequeña historia familiar. Entiende que eche de menos viajar. Me comenta que está bien tener un animal de compañía porque me ayuda a salir. Recibe respetuosamente mis líneas, aunque siento que marca una cierta distancia que me cuido de guardar.

Mi madre y yo pasamos más tiempo juntas. Algunos días

salimos a comer o a cenar por ahí, para cambiar un poco la rutina, ya que ninguna de las dos nos vamos de viaje este verano. Varias tardes se apunta a pasear con la Tula y conmigo; la perra y ella se tienen adoración mutua. Los días que no nos vemos, hablamos por teléfono y nos contamos lo que hemos hecho. Un par de tardes a la semana, viene a casa a verme. De vez en cuando me da alguna sorpresa: una camiseta nueva, un litro de horchata, un libro por el que, le había comentado, estaba interesaba. Está muy pendiente de mí, quiere que esté contenta. Más que contenta, estoy agradecida de tenerla como madre.

En el último email me pregunta por mi presente: qué hago ahora, en qué ocupo el tiempo, cuáles son mis circunstancias. Le cuento de mis fallidos proyectos como escritora; de cómo me he especializado en cubrir bajas; de las aficiones con las que he ido cultivando mi mundo interior. Cuando me doy cuenta, ya llevo varios renglones hablándole de mi abuela. Está en mí de una manera muy poderosa. Escribo serena, tranquila, incluso sonriente, dejando que salga algo de todo lo que llevo dentro; sintiendo lo viva que está en cada palabra que brota desde el teclado del portátil.

Me he pasado tanto tiempo pendiente de ella, de sus cuidados, de sus comidas y de sus cenas, de sus baños, de sus toses, de sus caídas, de sus sueños y de sus pesadillas; tanto tiempo sorprendiéndole con unos churros para desayunar, una longaniza de Pascua para el aperitivo, un paseo al sol una mañana de domingo de enero, un heladito a la sombra una tarde de verano; tanto tiempo con ella, para ella, de ella, por ella; que ahora me siento desorientada. No tengo costumbre de pensar en lo que yo quiero o necesito o me gustaría. Es una sensación muy rara.

Justo cuando estaba a punto de enviar el email, recibo un mensaje de Victoria en el móvil. Me pregunta si quiero ir a comer con ellos al chalé este domingo. Sin pensarlo ni un segundo le respondo que sí. Saldré de mi entorno, conduciré un ratito, la Tula podrá correr a sus anchas por la parcela y yo me despejaré conversando y riendo con mis amigos. Le envío otro mensaje para preguntarle qué aporto a la comida. Me contesta que no hace falta que lleve nada. Decido ir a comprar vino y unos cornetes de helado el sábado anterior.

Repaso lo que he escrito. Corrijo un par de redundancias y lo envío. Me quedo mirando la pantalla del ordenador. Todo es un poco extraño. De repente ha surgido aquí una relación epistolar con alguien de mi pasado que, hasta que no vio el primer email, nunca supo de mi existencia. El caso es que me gusta la persona que voy descubriendo de tres en tres líneas, que es lo máximo que me manda. Me resulta interesante. Algunos de sus comentarios son divertidos. Y me va picando la curiosidad por ir conociendo más cosas de su mundo.

Decido abrir un correo más. *"Hola de nuevo: Después de lo que te he contado en el mensaje anterior, creo que ya va siendo hora de que se tercie un café. Al menos a mí me apetece. Un saludo"*. Si me pregunto si procede que le mande esto, acabará en la bandeja de borradores. No es lo que todo el mundo pensaría; no hay nada romántico en este interés. Simplemente es la ilusión de estar cerca de alguien que parece ser una de esas personas que suben el nivel de calidad de tu vida. Así que no me lo planteo y en cuestión de décimas de segundo el email aparece en la bandeja de enviados.

Me levanto y estiro los brazos y la espalda para desperezarme. Noto cómo se recolocan las vértebras dorsales. Es la una y media del mediodía y el estómago despierta de su letargo. Miro por el balcón de mi dormitorio hacia el final de la avenida. Hay menos tráfico debido a las vacaciones y el canto de las chicharras ocupa el trono de los sonidos urbanos. La otra tarde se posó una sobre uno de los barrotes del balcón del salón. Si tuviera que describirla con un solo adjetivo calificativo sería repugnante. Le puse de nombre Rita la cantaora y estuve contemplándola, esperando que en cualquier momento se pusiese a atronarme los oídos. Pero no lo hizo; al parecer, sólo quería tomar la fresca.

Me dirijo al portátil con ánimo de apagarlo, pero el aviso de un nuevo correo entrante me detiene. Hago doble clic para abrirlo, no sin sorpresa por la rapidez de la respuesta. *"Hola, Noelia: ¿Te parece bien el miércoles? ¿Sobre las siete? El lugar lo decides tú"*. De repente me pongo nerviosa y alegre a la vez. Inmediatamente después, me invade la preocupación por no serle decepcionante. Lo siguiente es el pánico absoluto. Decido hacerme dueña de mis emociones y dejar de pensar en tonterías. De nuevo afloran todos mis miedos e inseguridades; sólo es un puñetero café. Pincho en el botón de responder y escribo: *"¿En la tetería?"*. Envío y espero. Pasan tres minutos que yo invierto en poner un poco de orden en el escritorio. De nuevo el sobre sin abrir en la pantalla. Lo abro. *"Perfecto. Nos vemos el miércoles. Un abrazo"*.

El día anterior había estado normal, como siempre. Le hice para cenar un hervido de judías verdes con patata y sofrito de tomate con jamón picado. Le encantaban los hervidos, así que las judías, las acelgas y las espinacas nunca faltaban en casa. Terminó de cenar, fue al baño a lavarse los cuatro dientes que le quedaban y luego la acompañé hasta la cama. El ritual de acostarse era sencillo: se sentaba cerca de la almohada; después, agarraba en la mano uno de los pañuelos de tela que había siempre sobre su mesita y se santiguaba; entonces yo le cogía por los tobillos y le subía las piernas para colocarlas en la cama; finalmente, le cubría con la colcha, le daba un beso en la frente y le decía: *"Te quiero, yaya"*. Ella siempre respondía: *"Gracias, hija"*.

Unas cuantas horas después de darle las buenas noches, la doctora de urgencias del ambulatorio le auscultaba en silencio. Habíamos conseguido sentar a mi abuela en el sillón, pero ya no era ella. No articulaba ninguna palabra, no abría los ojos del todo y sólo respondía a preguntas de sí o no con ligeros movimientos de cabeza. *"Yaya, ¿quién soy?"*, lanzaba yo al aire, esperanzada porque el hecho de tenerme delante y escucharme pudiera darle fuerzas suficientes para contestar. Pero ya no volvió a decir mi nombre. Y entonces supe que había llegado el momento.

La doctora nos pidió que fuésemos a otra estancia, por si mi abuela pudiera escucharnos. La condujimos hasta la cocina.

—Siento mucho lo que voy a decirles. —Sentí de repente

todas las lágrimas que tenía guardadas en el cuerpo subir por el interior de mi cara—. Tiene el corazón arrítmico y la oxigenación es muy irregular, aparte de que parece haber sufrido alguna lesión de tipo cerebral. En realidad, esto es el último paso que le queda por dar. Tiene noventa y siete años.

—¿Y no se puede hacer nada? —Preguntó mi tía—. ¿Y si la llevamos al hospital?

—Puedo hacerles la autorización si quieren ingresarla. —La doctora hablaba con cariño y poniendo cuidado en cada palabra—. Pero si me lo permiten, no se lo recomiendo. En el hospital sólo alargarían el proceso. Piénsenlo: ¿su madre querría irse en un hospital?

—No, no querría. —Mi madre ya estaba hecha un mar de lágrimas. Yo tampoco podía aguantar más.

—Les sugiero que la lleven a su cama. Llamen a los familiares y a los amigos. Lo mejor es que se vaya en su casa y rodeada de los suyos. Dicen que el oído es lo último que se pierde, así que tengan cuidado con lo que hablan delante de ella. Díganle lo importante que ha sido en sus vidas. —La doctora continuó con toda la calma del mundo—. De todos modos, les haré la autorización de ingreso hospitalario, por si ven que sufre o a ustedes les resulta más cómodo.

—Muchas gracias —dijo mi tía.

La doctora nos mostró sus condolencias con un apretón en el brazo, en la mano, en el hombro de cada una. No he vuelto a cruzarme con ella nunca más, pero siempre sentiré una gratitud infinita hacia su persona por hablarnos de modo tan sincero, mostrando todo el tacto y el respeto del mundo, en un momento delicado como pocos. No debe ser fácil para ningún médico comunicarle a una familia, con empatía, pero sin dejarse llevar por las emociones, que ha llegado la hora de despedirse. Si hubiese optado por llevarla a Urgencias, nada de lo que pasó después habría sido posible. Y la verdad es que nuestro adiós, aunque doloroso y triste, fue un inmenso regalo que siempre llevaré conmigo.

—¿Vosotras creéis que se puede viajar a la velocidad de la luz?

Pedro, el marido de Victoria, es un estudioso aficionado de la ciencia, específicamente de la física, que en realidad se gana la vida reparando coches. Probablemente de ahí le venga la pasión, aunque le agrade más tener la cabeza apuntando hacia las constelaciones estelares que en el interior de un capó. Victoria solía preguntarse por qué no estudiaba algo relacionado con el tema en sus ratos libres, hasta que caía en la cuenta de lo escasos que eran éstos. Pedro era, entre otras muchas cosas buenas, un hombre muy entregado a su mujer y a sus hijos, así que con leer algún artículo o algún libro de vez en cuando ya tenía bastante.

Era un día estival soleado, agradable y tranquilo en la urbanización donde tenían el chalé. Los niños habían estado jugando con la Tula, que había galopado incansable a la busca y captura de todas las pelotas lanzadas. Mientras Pedro cocinaba la paella propia de los domingos valencianos, Victoria y yo cotorreábamos como dos marquesas, flotando sobre el agua turquesa de la piscina. Luego continuamos hablando, comiendo papas y bebiendo cerveza, al tiempo que Pedro dejaba que el arroz se socarrase un poco.

Sobre las tres de la tarde, nos sentábamos a comer bajo los pinos del jardín. La paella estaba deliciosa. A la Tula le pusimos en un plato de plástico el pollo y el conejo que sobró con un poco de arroz. No quedó ni un grano en ninguna parte. Después de los cornetes, los niños se fueron al interior del chalé, a ver una película y quedarse fritos en el sofá; y nosotros, nos quedamos bajo los mentados pinos, apurando el vino de la segunda botella que habíamos abierto. La conversación surgió por la noticia, que habíamos leído en el periódico esa misma mañana, sobre una señal de radio obtenida de algún punto en el espacio sito a noventa y cinco años luz.

—Eso significa que esa señal de radio salió de ese lugar siendo aquí 1921 —se me ocurre a mí, que no soy ducha en la materia, pero me resulta interesantísima.

—¿Y si la civilización responsable de enviar esa señal, en estos noventa y cinco años, ha estado organizándose para venir a por nosotros? Igual ya están por aquí cerca acechando. —Siempre dije que Victoria tenía más imaginación que yo.

—Bueno —dice Pedro riéndose—, hay otras probabilidades. Por ejemplo, que lanzaran esa onda por probar, a ver qué pasaba; puede que estén esperando una respuesta, sin más. Además, si sólo han mandado una onda de radio, no creo que sea una civilización mucho más avanzada que la nuestra. Y, por otra parte, está el asunto de viajar a la velocidad de la luz...

—Cuando te pones en plan repelente niño Vicente... Échame más vino, anda, Noe —me dice Victoria con los ojos chisposos y una sonrisa de oreja a oreja. De momento, no se abraza a la copa. Como buena amiga, hago lo que me pide.

—¿Vosotras creéis que se puede viajar a la velocidad de la luz? —pregunta Pedro con expresión de pillo.

—No... ¿no? —respondo dudosa porque no tengo ni idea.

—La velocidad de la luz era de 300.000 km/s, ¿verdad? —apunta Victoria.

—Yo creo que sí se puede. —Pedro empieza a entusiasmarse—. La velocidad de la Tierra en su movimiento de rotación es de unos 1.670 km/h; respecto del Sol, nos movemos a 107.000 km/h; el sistema solar gira en la Vía Láctea a 220 km/s. No notamos nada porque los movimientos son constantes, pero ya viajamos en el espacio a velocidades alucinantes. Si aún no viajamos a la velocidad de la luz, nos falta poco; y creo que es porque no encontramos el modo de acelerar, para alcanzar esa velocidad y mantenerla, y decelerar, para frenar a tiempo. —A estas alturas del parlamento, Pedro, que ha utilizado los corchos de las botellas y las copas de vino a modo de planetas, soles y galaxias, apenas permanece sentado.

—Cariño, relájate —dice Victoria. —Y preséntate a la NASA —añade, haciéndonos reír.

—La verdad es que no había pensado nunca en todo lo que acabas de decir —comento. —Pero es muy interesante. Y, por cierto, admiro tu retentiva con tanto dato; y tu análisis, se nota que estaba meditado de antes.

—Cuando venimos aquí los fines de semana, me gusta salir

por las noches a mirar el cielo. —Pedro me cuenta esto como si yo no lo supiese—. Aquí se aprecia todo muy bien, apenas hay contaminación lumínica. Me gusta enseñarles a los niños dónde está la Osa Mayor, la Osa Menor, Perseo, Casiopea... Me intriga que algo que puedes señalar con el dedo, porque lo puedes ver, esté a tantísima distancia.

—Poder salir de la ciudad los fines de semana, en todos los sentidos, es un privilegio —señala Victoria. —Pero las noches de verano son espectaculares, especialmente durante las Perseidas.

—Es curiosa —digo mirando al cielo, que ahora está celeste, impoluto, sin un rastro de nube— toda la simbología que hay tras el concepto estrella. Los triunfadores en el mundo de la música, del cine o del deporte, son estrellas. Los militares se condecoran con estrellas. El nivel de calidad de un hotel o de un restaurante se mide por estrellas. Se dice de una persona que tiene siempre buena suerte que nació con estrella. —Me quedo meditabunda.

—Vaya, es verdad —comenta Pedro.

—Ella es de letras —añade Victoria.

—Y diré más —alzo un poco el volumen tras haber respirado profundamente. —Llamamos estrellas a las personas importantes de nuestra vida. Vosotros sois mis estrellas.

—Pero qué bonita eres —me dice Victoria mientras se levanta, me abraza y me da un beso.

—Tú eres la nuestra, Noe —añade Pedro guiñándome un ojo.

Pasamos el resto del día hablando de cosas más distendidas, relajándonos, viendo a los niños volver a la piscina, la Tula descansando sobre la hierba compartiendo sombra con nosotros. Cuando se acerca la hora de la cena, decido que es el momento de retirarse y dejar que el cuarteto descanse, a pesar de que insisten en que me quede. Me siento en familia con ellos y ellos me tienen como parte de su hogar, pero entienden que, después de todo el día fuera, precise de mi tiempo de soledad.

Horas después, ya en casa, en un nuevo día, aunque sea de noche, después de haber estado cenando un sándwich mientras veía una película en la tele, me acerco al retrato donde estamos mi abuela y yo, juntas las cabezas, una fría mañana de enero, sonriendo. *"Tú eres la estrella más grande de la galaxia"*, le digo. *"Tú eres mi sol"*. Con una sonrisa en los labios, beso su cara en el retrato y me dispongo a prepararme para irme a la cama.

Era una camiseta vieja que me había comprado quince años

atrás en Portland, Oregón. En su día fue azul oscuro y tenía el nombre de la ciudad bordado en blanco y rojo en el lado del corazón; en la actualidad, el bordado seguía intacto, pero el azul estaba muy desteñido, algunas costuras se abrían deshilachadas y el borde del cuello asomaba medio rasgado. Sólo la usaba para dormir. Era lo que llevaba puesto cuando oí mi nombre, dos veces, de madrugada.

No me cambié de ropa en todo el día. Cuando la trasladamos a la cama, aquella mañana fresca de un viernes de octubre, me acosté junto a ella, para estar a su lado todo el tiempo posible. No me podía creer que ya estuviera ocurriendo. Y de repente empecé a sentirme culpable por todas las veces que había deseado que ocurriese porque yo ya no podía más, estaba saturada, agotada en cuanto a ánimo y energía. La batalla interna que me suponía esta convivencia me tenía exhausta: por un lado, mi necesidad de volar, de atenderme a mí, de tener mi vida en mis manos; por otro lado, mi compromiso hacia ella, mi deseo de que sus últimos años fuesen cómodos y apacibles, mi deber de cuidado y compensación por toda la dedicación que ella tuvo hacia mí en mi infancia. Me sentí responsable por no ser infalible, por ser egoísta y pensar en mí.

Una tarde, bastantes años atrás, perdí los nervios. Mi abuela no terminaba de asumir que sus piernas ya no eran lo que habían sido. Pasar tantas horas sentada frente a la tele le desesperaba y empezó a ser costumbre escuchar aquella letanía: qué hago yo en este mundo, si no valgo para nada, sólo voy a dar faena, yo ya no debería seguir viviendo, a ver si me muero pronto. Para mí era una tortura constante escuchar ese lamento continuo, acompañado del llanto a veces, otras veces de la rabia. Casi siempre conseguía contar hasta diez, coger aire y tratar de calmarla para que dejase de pensar de ese modo tan depresivo. Pero a veces mi paciencia encontraba sus límites. Aquella tarde, harta de oír aquella serenata por enésima vez, exasperada, me levanté, abrí el balcón y espeté:

—Te quieres morir, ¿no? —Señalé el balcón—. Pues adelante.

Nunca olvidaré la expresión que se extendió por el rostro de mi abuela. Cualquiera se habría sentido dolido al ser yo tan hiriente. Quizá alguien podría haber sido preso de una ira repentina, arremetiendo con indignación contra mi crueldad. Pero no, ella simplemente se mostró sorprendida. Y con las cejas levantadas y los ojos muy abiertos, me dijo, como si fuese una niña pequeña:

—Es que yo no me atrevo.

Se me cayó el alma a los pies. Me arrodillé ante ella y poniéndole las manos sobre los hombros le dije:

—Yaya, yo no quiero que saltes por el balcón. Quiero que reacciones y te des cuenta de lo que estás diciendo las veinticuatro horas del día. ¿Es que no ves que es un martirio para mí? Morirte no depende de tu voluntad, no sucederá antes por el hecho de que lo pidas todo el tiempo. —Mi abuela me miraba atenta, pero triste—. Disfruta mientras estés aquí, yaya. —Y le di un beso—. Además, yo no quiero que te mueras.

—Tantos años juntas… —Y me sonrió.

Aquella noche me desperté de golpe, sudando como una bestia, porque había soñado que mi abuela se había levantado de la cama, había abierto el balcón y se había tirado calle abajo. Recuerdo que fui corriendo a su dormitorio, porque el sueño había sido tan real, que la duda me corroía. Fue el mayor alivio de mi vida verla dormir plácidamente en su cama. De regreso a mi habitación, me fijé en el balcón: estaba cerrado.

El sentimiento de culpabilidad es un lastre, una bola de hierro enganchada al tobillo, como aquellas que llevaban los presidiarios siglos atrás, que no te deja caminar, ya no hacia adelante, sino a ninguna parte. Te obliga a dar vueltas en torno a ella para buscar la manera de liberarte. Y, si no lo consigues pronto, te lleva a la locura. El sentimiento de culpabilidad es un mazo que golpea una y otra vez los tabiques que mantienen en pie tu integridad, haciendo que se tambaleen, logrando que la bondad y la nobleza con que pretendías sellar todos tus actos queden en entredicho. De repente, eres una persona horrible que hace cosas ruines, que provoca heridas en el alma de los demás y que merece mucho más que una pesadilla como castigo. El sentimiento de culpabilidad es la cara oculta de la memoria que te lleva a repasar, cuando menos lo necesitas y más te duele, todos los instantes en que no te comportaste como la buena nieta que siempre debiste ser, la buena nieta sin fisuras, magnífica, disponible y dispuesta, entregada, servicial y, todo ello, envuelto con una eterna sonrisa y paz en la mirada.

Qué traicionera la conciencia, trayéndome en ese instante de dolor y pena, tantas situaciones de flaqueza, tantos errores cometidos, tanta debilidad en mi aparente fortaleza. Me hundí, con las mejillas llenas de lágrimas, entre su cuello y su pecho, con toda esa revolución de emociones dentro de mí. Sentía que me iba a explotar la cabeza. Pero entonces, en un momento de consciencia en que debió sentirme allí acurrucada, temblorosa y aterrada, mi abuela posó suavemente su mano sobre mi cara. Y el amor se abrió paso.

No soy una persona horrible. Soy una persona, sin más, y eso explica mis fallos. No soy una diosa, no soy perfecta, ni todopoderosa, ni magnífica ni infalible. Soy una persona, una buena persona que trata de actuar todo lo bien posible todo el tiempo posible y que, con frecuencia, no lo logra. Pero estoy lejos de ser una persona horrible. Y, desde luego, aún lo estoy más de haber sido una mala nieta.

No había desayunado. Tampoco comí ni cené. Ni al día siguiente. El cuerpo se me había cerrado y así permaneció durante tres días y medio. Mi tía y mi madre nos acompañaban sentadas junto a la cama donde yacíamos mi abuela y yo. Hacía fresco y yo insistía en taparnos los brazos, pero mi abuela, que mantenía los ojos semicerrados, aún guardaba cierta lucidez y, por lo visto, temperatura corporal suficiente como para llevarme la contraria. Genio y figura hasta la sepultura, dicen.

Las primeras horas pasaron lentas. Comunicamos lo que ocurría a los vecinos más allegados a casa y llamamos a todos los familiares. Por mi parte, mandé mensajes a todos mis amigos. La mayoría de las personas avisadas se acercó a mostrar su apoyo y a acompañar a mi abuela durante un rato de sus últimas horas. No salí de la cama prácticamente para nada. Sentía la necesidad de estar allí, junto a ella, quería que me sintiese, que notase mi calor, mi presencia; que no le quedara la menor duda de que iba a quedarme con ella hasta el final.

En algún momento de la tarde, Tere, la mejor amiga de mi madre, la llamó al móvil para preguntarle cómo iba todo. A los diez minutos, mi madre me pasó el teléfono: *"Es Tere, quiere hablar contigo"*, me dijo entre lágrimas. Cogí el aparato y, con la voz medio dormida, medio afónica, la saludé y escuché lo que tenía que decirme:

—Noelia, háblale. Es tu última oportunidad. Háblale, dile todo lo que lleves dentro, no te quedes con nada. Pídele perdón, dale las gracias, dile lo que sientes por ella. Cántale. Acaríciala y bésala. No tengas miedo, hazle ver que no tienes miedo y que tampoco ha de tenerlo ella. Líbrale de esa carga. Déjala ir. —Tere hizo una pausa durante la que, seguramente, pudo escuchar mis sollozos—. Sé que es pedirte mucho. Pero si me haces caso, cuando todo pase, te sentirás mejor, porque habrás aprovechado tu última oportunidad. Hazlo, ¿vale? —Musité un sí ahogado en llanto y le devolví el móvil a mi madre.

No sé si sabré agradecerle a Tere suficientemente que me

ayudara a sacarle el máximo partido al tiempo del que dispuse. Seguí todos sus consejos. Lloré mucho, pero también reí recordando anécdotas lejanas. Me fui serenando; aunque continuaba teniendo pequeños momentos de mayor fragilidad, ya no me rompía con tanta brusquedad, sino que cada vez me recomponía más fácilmente.

Almu me dio un abrazo nada más entrar en casa, un abrazo largo y fuerte. *"Ay, las abuelas"*, se le escapó en un suspiro, seguramente pensando en la suya, fallecida cuatro años atrás. Estuvo un buen rato dándome abrigo y consuelo, sin dejar en ningún momento de pasarme sus brazos por mis hombros. *"La voy a echar tanto de menos"*, le lloraba yo. *"Sí, pero no se va del todo, seguirá viva en ti"*, me contestaba ella, abrazándome más fuerte.

Mi abuela pasó la tarde llevándose a su cara las manos de mi madre y de mi tía. Le mojábamos los labios con una gasa empapada en agua, cada vez que se los veíamos resecos. Llegó a estrechar las manos de todos los familiares que vinieron a verla. Ella lo sabía y quería sentirlos a todos, una última vez. En algún momento de la noche, sus ojos se cerraron, ya del todo. Continuó moviendo los brazos, pero ya no se giraba en busca de las miradas ni de las voces. Poco a poco, se fue apoderando de ella una respiración agitada y fatigosa.

Mi madre se quedó conmigo a pasar la noche. Le sugerí que durmiese en mi cama, más nueva y cómoda que la de invitados, ya que yo continuaría acostada junto a mi abuela. Lo respetó. *"Te has ganado ese privilegio, hija"*, me susurró al oído cuando me dio el beso de buenas noches. Luego, con una sonrisa triste, me acarició la cara y se fue a dormir.

Sobre las cinco de la madrugada, mi abuela dejó de tragar las gotas de agua que se escurrían de la gasa con que mojaba su boca. Me di cuenta de que estaba completamente inconsciente. Los movimientos de los brazos no eran voluntarios, sino más bien espasmos musculares. La respiración era más profunda y rápida. Comprendí que era cuestión de horas. Le cogí la mano, le di otro beso más y dejé que mi mirada se perdiese por la ventana, a la espera de poder descansar un poco.

Vi su figura esbelta nada más girar la esquina de la calle Sorní. Me vislumbró enseguida y una amplia sonrisa dio luz a su rostro moreno, medio oculto por las gafas de sol. Nos saludamos con dos besos en las mejillas y pasamos al interior de la tetería, donde el aire acondicionado alivió inmediatamente la sensación de sofoco que traía conmigo de la calle. Nos acomodamos, nos tomaron nota y comenzó la conversación cara a cara.

En un principio todo parecía ir bien. Era muy amable, sus gestos mostraban encanto, sonreía abiertamente y me hablaba, desarrollando y extendiéndose un poco más, sobre todo aquello que ya me había contado en los emails. Yo estaba más nerviosa de lo que me habría gustado, aparte de que me había levantado con el pie izquierdo. Estaba siendo uno de esos días raros en los que no te apetece mucho nada en particular. De haber tenido más confianza con la persona que tenía enfrente de mí en aquel momento, le habría mandado un mensaje diciéndole: *"Oye, mira, lo dejamos mejor para otra tarde"*. Pero lo cierto es que tenía la sensación de que no dispondría de otra oportunidad más y no me pareció bien dar plantón a las primeras de cambio.

Procuré no ceñirme a lo que ya sabía de mí, respondía a sus preguntas con miedo de aburrirle e intentaba ser ocurrente en mis apuntes a sus comentarios. Sin embargo, aunque no me sentía incómoda, sí estaba inquieta. Se dio cuenta de que no me relajaba y, probablemente, se contagió, porque de repente el silencio acampó en nuestra mesa y sólo nos llegaban las voces de las adyacentes. Milagrosamente, la conversación resurgió, pero con menos entusiasmo y me achaqué a mí misma que fuera así.

No se extendió mucho más la cosa. Esperó, un ratito después de terminar su bebida, a que yo apurase la mía. Y unos minutos más tarde, alegando tener un compromiso familiar, se disculpó al proponer que nos marchásemos. No me dejó pagar, asegurando que la próxima vez invitaría yo. Una vez en la calle, me acompañó hasta el coche y nos despedimos con otros dos besos en las mejillas. Fue poco más de una hora en total.

Volviendo a casa sentía el peso del fracaso, el mismo tipo de sensación que se tiene después de saber que has suspendido un examen importante. Empecé a preguntarme si tomarse un café con antiguos alumnos era algo habitual entre los profesores y, dado el caso, si los demás habrían acabado desilusionando tanto como yo. Pero opté por pensar que lo menos inteligente en aquel momento era fustigarme de ese modo simplemente por el hecho de haber tenido un día un poco más torcido de lo normal. De nuevo, los miedos y las inseguridades oscurecían mi ánimo.

No obstante, cuando llegué a casa sentí la imperiosa necesidad de quitarme enseguida aquel mal sabor de boca. Así que encendí el portátil, abrí mi correo y me puse a escribir: *"Hola: Disculpa que no haya estado muy habladora. Hoy está siendo un día un poco raro. Prometo estar más comunicativa la próxima vez. Un saludo"*. Pulsé la tecla de envío, sin repasar el texto. No es que de repente me sintiera mucho mejor, la verdad. Cogí la correa de la Tula, que vino corriendo a mí y salimos a pasear.

Durante la caminata traté de no pensar en nada. Me limité a ver, oler, escuchar y sentir el aire de la tarde, que estaba cargado de humedad y no refrescaba lo más mínimo. Las señoras hablaban sentadas en los banquitos de madera de las calles. Por el carril bici se alternaban los ciclistas con los patinadores y los corredores. Los niños jugaban en los parques y en las plazoletas del barrio hasta bien adentrada la noche, como hacía yo de pequeña, mientras mi abuela me sostenía el bocadillo de solomillo con tomate. Sonreí recordando eso. Se escuchaba el ruido de los platos y un batir de huevos en la cocina de una vivienda; tal vez alguien estaba preparando una tortilla para cenar, a juzgar por el olor a cebolla. El ocaso se dejaba ver entre los bloques de edificios y las arboledas, dejando para el deleite de quienes lo contemplasen una paleta de colores difícilmente reproducibles por ningún maestro. En definitiva, un día más terminaba.

Al volver a casa vi una respuesta inmediata a mi email anterior. *"Hola: No te preocupes, mi mañana tampoco había sido buena. No tienes que disculparte por nada. Un abrazo"*. Bueno, lo hecho, hecho estaba. Empezó a venirme a la cabeza toda la conversación de aquella tarde mientras me preparaba la cena. Y de repente caí en la cuenta de un detalle: puso especial atención sobre el hecho de que estuviese escribiendo y de los problemas con los que me iba encontrando. Su consejo casi me pasó inadvertido entonces y ahora, de pronto, volvía a tener sus brillantes ojos castaños delante de mí, mirándome fijamente. *"Yo sólo escribo mis rollos sobre lo que voy investigando. Pero cuando leo una novela me gusta percibir autenticidad en la historia. Me gusta tener la convicción de que lo que estoy leyendo es algo que sucedió, que le sirvió de reclamo a alguien y que ese alguien decidió contarlo"*. Medité cada una de las palabras que acababa de pronunciar. Me atreví a lanzar una especie de respuesta: *"Entonces debería..."* E interrumpiéndome, sentenció. Me pilló desprevenida y no supe reaccionar. Quizá por eso insistió: *"Sí, creo que es lo que deberías hacer"*.

Después de más de veinticuatro horas con la camiseta de Portland puesta, en la mañana del sábado, me tomé diez minutos para darme una ducha y cambiarme de ropa. Mi tía acababa de llegar a casa y mi madre estaba levantada hacía horas, así que pude tomarme un breve respiro. El agua caliente, el gel de la ducha, la crema hidratante y la camiseta limpia fueron una especie de bálsamo en aquel momento de mi vida.

La primera mitad del día se desarrolló muy lentamente. Dediqué gran parte de la mañana a dormir, ya que había pasado casi toda la noche despierta y pendiente de mi abuela. Cogí su mano con la mía, cerré los ojos y me dejé arrullar por el leve murmullo del parloteo en que se vieron inmersas mi tía y mi madre. No fue un sueño profundo, sino más bien un estado de duermevela que me permitió descansar suficiente, aunque pudiese oír los sonidos a mi alrededor.

A partir del mediodía comenzó lo más duro. El día anterior ya habíamos volteado un par de veces su cuerpo para limpiar los restos de heces y de orina, y cambiarle el pañal grande que usaba para dormir. Nos dispusimos a repetir la misma acción en aquel momento, no sabíamos hasta cuándo se alargaría esa situación y lo cierto es que despedía un olor poco agradable. Le pasé un brazo por debajo de la cabeza y el otro alrededor del tronco para girarla hacia mí. Una vez colocada de lado, pude ver que mi madre y mi tía se habían alarmado. Mi abuela estaba llagada y los residuos corporales eran muy oscuros. Al colocarla de nuevo cara arriba, terminamos de ser conscientes de que aquello no podía ser otra cosa que las primeras fases de una especie de descomposición interna. Había derramado líquido negro por la boca, aunque mi abuela parecía no enterarse de nada.

Llamé rápidamente al servicio de urgencias del ambulatorio y pedí que viniese alguien que le pudiera administrar algo para evitar que sufriese. A los quince minutos se presentó en casa una enfermera con dos inyecciones: un calmante y un relajante. *"Lo siento, pero no podemos hacer más"*, nos dijo comprendiendo nuestra preocupación. La acompañé hasta la puerta y le di las gracias. En el espejo del recibidor pude ver una mancha negra en mi chaqueta, justo donde había acurrucado a mi abuela minutos antes. Me tragué el llanto y regresé a su lado.

Se dice que la agonía de la muerte es todo el conjunto de síntomas que puede darse en una persona que está próxima a su fallecimiento. A medida que fueron pasando las horas de aquella tarde de sábado, el resuello de mi abuela era cada vez más agitado y sonoro. Parecía exhausta, como si acabase de subir corriendo los seis pisos que nos separaban de la calle; y resfriada, dadas las secreciones que recorrían sus vías respiratorias. Los espasmos en sus brazos fueron desapareciendo. Cuando llegó la noche, una capa viscosa con un olor muy peculiar comenzó a cubrirle la piel. Y ya está. Sólo era un cuerpo que resoplaba tendido en una cama.

Tere volvió a llamar a mi madre sobre las diez y media. *"Dejadla sola"*, nos dijo. *"A veces sucede cuando los dejamos solos; salid del dormitorio y cenad algo, tenéis que comer"*, insistió. Decidimos que tenía razón y nos dispusimos a obedecer. Le dimos un beso en la frente a mi abuela y salimos a la cocina para prepararnos algo, aunque no teníamos hambre. Pusimos la tele, para distraernos un poco, pero cada diálogo de cada escena tenía de fondo su respiración, que nos llegaba de la habitación como un eco.

Dos horas después, mientras mi madre fregaba los platos de la cena, fui a verla. Le busqué el pulso en la muñeca, que hasta entonces se había manifestado con fuerza; pero no se lo encontraba. Seguía respirando, así que palpé con la yema de mi pulgar hasta que me llegó una señal débil y carente de ritmo. Fui a la cocina a por mi madre. *"Creo que es cuestión de minutos, mamá, el corazón ya le está fallando"*, le comuniqué con toda la calma de la que fui capaz.

Quiero pensar que no padeció. Deseo creer profundamente que ese último minuto de soledad que le di para ir en busca de mi madre estuvo lleno de paz. Porque ésa fue la expresión con la que la encontramos al asomarnos al dormitorio, tenía carita de estar en paz, descansando por completo, relajada, despreocupada de todo. Limpié con una toallita los dos regueros de líquido negro que había derramado por las fosas nasales en su expiración y le llené la cara de besos entre lágrimas. Ya tenía lo que durante tanto tiempo había ansiado. Abracé a mi madre, que había terminado de derrumbarse, y estuvimos unos minutos allí, junto a su cuerpo inerte, grabando en nuestra memoria ese rostro, limpio, sereno, el mismo que ponía cuando se quedaba dormida frente a la tele.

Las siguientes horas fueron pesadas. El marido de mi madre llegó enseguida y se quedó con nosotras hasta el final de la tortura burocrática. Vino primero un médico a firmar el *exitus*; luego, el representante del seguro de vida y, finalmente, el de la funeraria. Mi madre estaba hecha polvo, así que me encargué yo de todo. No quisimos ver cómo se la llevaban, por lo que se quedó mi padrastro atendiendo a los encargados del traslado y, cuando se fue todo el mundo, nos avisó. Después, nos dio las buenas noches y nos dejó solas.

Cuando mi tía llamó a mi madre ya casi eran las cuatro de la madrugada. Estábamos sentadas en mi cama. Ella hablaba entre sollozos y yo miraba al vacío tratando de procesar todo lo que acababa de suceder. De repente oí que mi madre me llamaba: *"Tu tía quiere decirte algo"*. Los ojos de mi madre estaban rojos e hinchados y no paraban de derramar lágrimas; esas lágrimas pequeñas que no salen del dolor repentino, sino desde la pena constante, incesante y que parece no tener fin.

—Gracias, Noelia. —También mi tía lloraba—. Muchas gracias por todo. —Le costaba continuar—. Lo has hecho muy bien, cariño. Lo has hecho mejor que nadie.

No supe qué decir. Simplemente, me eché a llorar. Después de las últimas horas, mi mente ya no daba más de sí. Me rendí al cansancio en cuanto mi madre apagó la luz. Esa noche, lo poco que dormí, entre lamentos y temblores, lo hice abrazada a ella.

La correspondencia de emails, que pareció haber acortado distancias no tanto tiempo atrás, fue cediendo paulatinamente. Yo continuaba escribiéndole, pero sus respuestas eran cada vez más breves e, incluso, en ocasiones, inexistentes. En un principio me responsabilicé por haberme mostrado tan nerviosa la tarde de la tetería, hasta el punto de quedarme bloqueada y no permitir que la conversación fuese fluyente y amena. Pero luego cambié de idea y decidí que aquella tarde éramos dos personas, que todo el mundo merece una segunda oportunidad y que, si al final, las cosas terminan no dándose, pues sólo puede ser porque no tenían que darse.

Aun así, aquel alejamiento aparentemente gratuito me afectó más de lo previsto. Quizá no tanto en sí mismo sino por el cúmulo de personas cuya presencia en mi vida, en los últimos meses, había menguado considerablemente. Llegué a creer que era un error en mi sistema, que había algo en mí que ahuyentaba a la gente y que estaba condenada, irremediablemente, a prepararme para afrontar una vida en la más absoluta soledad. Pero qué sentido tiene torturarse. Ninguno. Las cosas son como son y, como le había dicho días atrás a Victoria, todos vamos y venimos; y yo era la primera persona que no estaba yendo ni viniendo de ninguna parte. Supongo que era lo que necesitaba: parar a recolocarme.

A poco menos de dos meses de concluir el año más duro de mi vida, me quedaba observando y reflexionando los cambios tan drásticos habidos y concluía que, después de todo, no hay mal que por bien no venga: me tenía a mí misma más de lo que me había tenido nunca. A veces echaba de menos cosas propias de la vida de cualquier persona joven, como quedar a tomar algo de vez en cuando, charlar de cosas insustanciales y reírnos de ellas.

Otras veces echaba de menos cosas más íntimas, como un abrazo, estrecho y largo; un abrazo de los que dicen *"estoy aquí contigo"* y con el que puedes sentir las manos de la otra persona en tu espalda atrayéndote hacia ella, el latido de su corazón o su aliento en el cuello; un abrazo en silencio, respirando hondo y meciéndonos con el balanceo de ambos cuerpos casi fundidos en busca de un nuevo equilibrio.

Creo que no hay un gesto de cariño mayor que el abrazo; mayor en todas sus acepciones. Es mayor porque es más grande que el beso, la caricia o la mirada, pues son los tres a la vez: es el beso de dos cuerpos, la caricia de dos rostros y la mirada de dos corazones. Es mayor porque tarda en darse: los abrazos genuinos no se dan el primer día, sino después de muchas horas compartidas y de muchas conversaciones habladas, cuando hay un gran conocimiento mutuo. Y es mayor porque es la herramienta más importante y poderosa de intercambio entre dos personas que se aprecian: al abrazar a alguien das, recibes, te curas, te fortaleces, reparas, sanas, consuelas, te abrigan. Un abrazo es un continuo flujo de mensajes; es un momento mágico de conexión y es universal: se da entre hermanos, entre padres e hijos, entre amigos y entre amantes.

Soy una solitaria, pero no soy de piedra y, como todos, tengo mis momentos de blandura. Hay cosas que la Tula no puede darme, aunque es una compañera leal y complaciente a la que le debo mucha de la entereza con que me levanto de la cama cada mañana. Sin embargo, qué duda cabe de que, sin ella, habría tenido que tirar de mí misma igualmente, porque la vida sigue, porque tengo muchas cosas que quiero hacer en el futuro y, además, porque es lo que mi abuela habría deseado.

Me duele no ver más emails en la bandeja de recibidos de mi correo electrónico, pero no está en mi mano. Decido escribir un mensaje que, en caso de que no lo responda, será también el último: *"Hola: No quiero resultar pesada ni molesta de ningún modo, pero quiero que sepas que me gustaría tenerte más cerca en mi vida. Me pareces una persona fabulosa y, por otra parte, te sigo debiendo un café. Pero no depende de mí. Así que, si algún día te apetece, házmelo saber, ¿vale? Que vaya todo muy bien. Un abrazo"*. Enviar.

"Un abrazo". Qué poco me gusta usar esa fórmula a modo de cortés despedida en los emails. Un abrazo es mucho más que dos palabras escritas para quedar bien; es algo sagrado de lo que no se debería hablar en vano. Tendríamos que abrazarnos más y hablar menos. Seríamos más empáticos, menos egocéntricos, nos

haríamos más felices y nos sentiríamos más acompañados aun cuando las cicatrices sean personales e intransferibles. Qué bonitos eran los abrazos con mi abuela: arrodillada frente a ella, me dejaba reposar sobre su barriga, mi colchón, metiendo las manos entre su espalda y el sillón, y la cara contra su cuello. Hay que abrazarse más y mejor. Y, a falta de abrazos, bienvenido sea el chocolate.

Fue la mejor despedida que pudo tener. Por el tanatorio pasaron muchas personas a mostrar sus condolencias, la mayoría de ellos amigos míos. Algunos incluso enviaron ramos de flores y firmaron en el libro que suelen dejar a la entrada de la sala para que la familia lo tenga como recuerdo. A todas las personas que pasaron por allí para acompañarme en mi peor momento les deseo toda la felicidad del mundo, por su consideración, su aliento y su presencia.

Dijimos adiós a mi abuela acompañados por un coro de ángeles, porque así cantaron sus integrantes, mostrándonos que incluso la muerte puede arroparse con la belleza de la música, y ayudándonos a aliviar un poco la pesadumbre de nuestros corazones. Uno puede hallar consuelo en muchas cosas, si busca con un poco de esperanza. Fue algo que aprendí no sólo durante aquellos días y los que los sucedieron, sino incluso también a lo largo de los meses siguientes.

Tras el entierro, nos fuimos a comer a un bar, de menú, la familia directa, juntos. La comida de aquel lunes fue lo primero que ingerí desde la cena del jueves anterior. En cuatro días perdí dos kilos alimentándome sólo a base de agua, no me entraba nada más. Qué cosas tiene la unión cuerpo-mente: en cuanto pasó todo, volví a sentir hambre y comí con gana y deleite.

Le pedí a mi madre que se quedase a dormir, al menos unos días, hasta que me hiciese a la idea de mis nuevas circunstancias en casa. Estuvo una semana conmigo; se iba por las mañanas y volvía por las noches. Ventilamos el dormitorio de mi abuela y nos deshicimos de las primeras cosas: sábanas, almohadas y fundas protectoras del colchón. Cambiamos la distribución de los muebles del salón. Me ayudó a organizarme con todo. La primera noche que me quedé sola, me mandó un mensaje después de cenar: *"¿Cómo estás? ¿Estás bien?"*. Mi madre, siempre pendiente. *"Sí, mamá, estoy bien, no te preocupes"*, le respondí sonriendo.

Uno puede hallar consuelo en muchas cosas, decía. Por eso celebramos su cumpleaños al mes siguiente, como si ella continuara con nosotros, con una comida familiar. Por eso decidí, apurando las horas previas a la cena de Nochebuena, montar el árbol de Navidad y salir a comprar un nacimiento sencillo, de figuras grandes y elegantes, para ponerlo en el hueco más grande de la librería. Por eso, organicé una cena con mis amigos en los últimos días de diciembre y di la bienvenida al Año Nuevo con mi madre y compañía. Y todo quise que pasara aquí, en esta casa que era la suya y que necesitaba ver llena de vida, aunque fuese de una vida diferente.

Algunos días entraba en su dormitorio y me sentaba en su cama, justo donde nos había dejado y pasaba la mano por el edredón, acariciando su vacío. Otros días iba haciendo mis cosas hablando con ella, contándole lo que sentía, cuantísimo la añoraba, pero admitiendo también que, poco a poco, me iba sintiendo mejor. Nunca me sentí culpable por reconocer que de pronto en mi vida había una paz que no había sentido nunca, así como el hecho de que volvía a dormir como un bebé, después de muchos años de un sueño vigilante, expectante, pendiente de sus movimientos.

En los meses sucesivos fui cambiando cosas de la casa: el tresillo dio paso a un conjunto de sofá, butaca y reposapiés; adquirí un aparador nuevo, pequeño, para el equipo de música; pinté casi toda la casa; cambié los cuadros del pasillo y del recibidor. Con los meses llegó la primavera, el cambio horario y la luz, que todo lo llenaba. Y mi primer cumpleaños sin ella, paradójicamente, no fue un día triste, porque, ahí, en lo más hondo de mi alma, fue otro cumpleaños más con ella.

Como decía, uno puede hallar consuelo en muchas cosas. Pero ninguno es mayor que el que me da mi abuela, su recuerdo y nuestro amor.

Septiembre va transcurriendo tranquilo, que ya es mucho, aunque no demasiado dichoso. Vuelven las preocupaciones de índole profesional, ninguna vacante ni baja que cubrir por el momento y los ahorros van mermando. Vuelvo a plantearme irme a otro país para trabajar como profesora de español. A mi madre no le hace ni puñetera gracia. A mí, con todo lo que llevo encima, se me hace muy cuesta arriba empezar de cero otra vez, en otro lugar, sin conocer a nadie y, según el sitio que sea, ni siquiera el idioma. Así que después de darle muchas vueltas al tema, decido preparar oposiciones, con la esperanza de que, mientras tanto, me llamen de algún centro.

Desisto de continuar con la novela inacabada con la misma frustración con que había dejado de escribir meses atrás los cuentos infantiles, segura de que el mundo no se perdería nada si me dicsc por eliminar esos archivos del portátil. Pero antes de dejarme llevar por ninguna emoción descontrolada, tomo la decisión, sensata y madura, creo yo, de dejarlos ahí, en la carpeta *En proceso*, por si acaso. Como un resorte que se activa cada vez que me quedo leyendo fragmentos de estos escritos, comienza a aparecer una migraña a la altura de mi ojo izquierdo. Para impedir que vaya a más, me levanto en busca de un ibuprofeno; me lo tomo y me tumbo en el sofá.

La tarde de la tetería viene a mi mente. Dudo de que vuelva a ese sitio, lo que me da mucha rabia, porque me gusta mucho. Pero ya lo asocio a cierta idea del fracaso, cosa que tampoco me hace gracia. No he vuelto a saber nada y eso me hace sentir extraña. Reconozco que tengo un problema con el tema del abandono, no lo llevo nada bien. No comprendo que alguien entre en tu vida, se acerque a ti y un día decida salir, así, sin más. Por supuesto, es lícito: nadie está obligado a quedarse a mi lado, porque entonces estaríamos hablando de una condena y no de una amistad. La libertad es sagrada y saber que quien te quiere lo hace por voluntad propia y sin condiciones no tiene parangón. Sin embargo, me descolocan las señales contradictorias; si alguien me dice que soy interesante no me resulta natural que después me ignore.

La pastilla comienza a hacerme efecto, noto un alivio notable en la parte izquierda de la cabeza. No tengo migraña muy a menudo, pero cuando la sufro es insoportable. Decido dejar de darle vueltas a las preocupaciones de los últimos días y me levanto dispuesta a realizar unas cuantas tareas domésticas. No es que me entusiasme en exceso meterme en el rol de ama de casa, pero conviviendo con un animal es necesario llevar un mínimo de orden y limpieza. La Tula tiene el pelo más bien largo y, cuando le toca mudar, las madejas que se forman por los rincones de las estancias son tremendas. Procuro no obsesionarme; si hubiese de tener la casa perfecta, estaría limpiando las veinticuatro horas del día. Me conformo con que esté decente; es decir, habitable y bonita.

A lo largo de los últimos meses, en repetidas ocasiones, parte de la faena de mi hogar ha consistido en abrir armarios y cajones, y hacer limpieza de contenidos. Montones de papeles, fotografías, productos de higiene que eran de mi abuela, tapetes de ganchillo o manteles que no pensaba usar, libros de texto de mi época escolar, que ni siquiera sabía que continuaban en casa guardados. Supongo que, en cierto modo, he ido vaciando los muebles de pasado para dejarle sitio al futuro. Es una manera muy metafórica de describirlo, pero no se me ocurre ninguna otra que sea igualmente tan fiel a la realidad.

Tras adecentar el salón, cambiar las sábanas de la cama, poner un par de lavadoras y alguna que otra cosa más, me meto en la ducha. Mientras dejo que el agua me refresque, admito que, aunque no me guste limpiar, hay algo de terapéutico en ello. También es fundamental mantener orden e higiene a nivel mental: hacer limpieza, tirar la basura, reordenar las prioridades, hallar huecos en la agenda para lo que no sea tan importante pero sí necesario. Cuando llegas a casa y ves que todo está en su sitio, sientes cierto bienestar; del mismo modo, cuando miras hacia dentro de ti, es casi vital percibir esa misma clase de equilibrio. Por eso, lo primero que te recomienda todo el mundo cuando no tienes una actividad fija duradera es establecer horarios y rutinas que te ayuden a conseguir una armonía para afrontar el futuro desde una estabilidad personal imprescindible.

Lo más difícil de todo, especialmente cuando estás en medio de una etapa de cambio, es renunciar a aquello que, racionalmente, sabes que ya no te será útil en el futuro, pero, emocionalmente, forma parte de ti y de la vida que habías conocido hasta ese momento; despojarse de algo tan insignificante en sí mismo como, por ejemplo, una senyera valenciana implica el sacrificio de un hábito:

colgarla en el balcón en Fallas o cada vez que ganaba el Valencia porque a ella le hacía ilusión. Es un ejemplo muy absurdo, pero no por ello menos válido. ¿Qué sentido tiene ahora, si ella no está? Ninguno. Ahora tengo que dar yo significado a las cosas que me hacen ilusión a mí; y algunas están muy claras, pero otras aun ando descubriéndolas. Quizá la clave sea decidir cuánto más influirá, indistintamente, cabeza o corazón en las elecciones que hagamos. Pero ésa tal vez sea la esencia de la vida misma, una continua sucesión de dilemas que ir resolviendo con los instrumentos de que dispongamos; así, sin manual de instrucciones, por ensayo y error, por imitación, por observación, por aprendizaje o por experiencia.

Es extraño darse cuenta de que, en realidad, la vida te va brindando oportunidades continuamente cada día. Sin embargo, la inmensa mayoría pasan desapercibidas; otro importante porcentaje, las ignoramos, por los motivos que sean; y el resto, casi siempre está por debajo de nuestras expectativas. Está bien apuntar alto, siempre y cuando tengas presente todo el tiempo que es bastante probable errar el tiro. O, como decía el bueno de Antonio, aquel profesor silente que sólo abría la boca para cerrársela a alguien: *"Si quieren abandonar el camino más frecuentado y crear uno nuevo, es necesario imaginarlo, soñarlo, idearlo. Así que tengan la cabeza en las nubes todo el tiempo que quieran, mientras sus pies sigan pisando tierra. No olviden que es en la tierra donde ha de abrirse el camino nuevo".*

A la espera de que el apetito venga a saludarme, abro el portátil con la mente en blanco. Creo un nuevo documento con el ánimo de empezar a escribir; pero, como ya he mencionado, he vaciado mis pensamientos al más puro estilo Osho. Veo el cursor parpadear, como tantísimas veces antes. Me viene a la cabeza, una vez más, sin venir a cuento de nada, su mirada, brillante y con un cierto aire afectuoso y diligente; sus manos acompañando a las palabras con movimientos justamente medidos; y su tono de voz, suave y cuidadoso, dándome aquel consejo que se me había quedado grabado en la memoria. Minimizo la pantalla del documento nuevo y abro el correo. *"Hola, ¿cómo estás?"*, le escribo.

La Tula me pone la cabeza en la pierna y me gruñe lastimeramente. Algunos días está especialmente mimosa. Sé por ella que los animales también sienten la pérdida de un ser querido, aun con el paso del tiempo. Puede que hoy no sea eso y simplemente me note más retraída de lo habitual y me reclame atención. O tal vez, sólo tenga hambre. Le hago varias carantoñas e, inmediatamente, ella se pone a menear el rabo. *"Qué bonita eres, Tula; qué bonita eres"*, le digo como si fuese una niña pequeñita. De pronto, veo de reojo algo nuevo en la pantalla del portátil: una respuesta. Abro el email y leo: *"Hola, Noelia: Disculpa, el curso ya está en marcha y voy de cabeza. Estoy bien, ¿y tú? ¿Qué has decidido hacer finalmente? Un abrazo"*.

Me pierdo en la viveza que desprenden los ojos de la Tula. *"¿Comemos?"*. Entiende todo lo que le digo, cualquier día de estos me responderá hablando. De momento, lo hace levantando las orejas y saltando sobre sus patas traseras. Trota directa hacia la cocina, donde tiene su comedero y su bebedero. Como ve que no le sigo, se asoma y vuelve hacia mí. *"Pero qué bonita eres"*.

Generalmente, la vida transcurre tranquila, sin altibajos, voy realizando mis costumbres de siempre y nutriéndome de lo que el camino, que ya va siendo mucho menos empinado, me va deparando. *"Mejor así"*, me escribe en un mensaje Victoria. *"Llegamos a una edad en que yo ya espero que no haya noticias, porque suelen ser para menearlo todo y malas"*. Aunque suene muy a señora mayor, le tengo que dar la razón, al menos en parte. La mediana edad, en un gran grueso de gente que ya tiene su vida asentada, no se caracteriza por la búsqueda de novedades, precisamente. Así que cuando éstas se dan, se trata más bien de sorpresas negativas.

Decía, pues, que normalmente vivo tranquila y en paz. No obstante, hay días en que se apilan las imágenes en mi mente, imágenes en las que sólo aparece mi abuela. Suelen ser de los últimos años, cuando ya estaba viejecita y su comportamiento era el propio de la tierna infancia. Hay momentos en que esas fotografías de pequeños trocitos de nuestra vida en común van seguidas de una sensación de vacío dolorosamente intenso. Y todo sucede en cuestión de milésimas de segundo, como un bofetón inesperado. Cada vez es menos frecuente que acabe en llanto, pero el zurriagazo de la añoranza se manifiesta incompasible.

En ocasiones, las imágenes son única y exclusivamente las que todavía retengo, y supongo que así será siempre, del día de su muerte. No son agradables, son crudas, desgarradoras, porque son las de su final. Pero era mi abuela y me figuro que, por eso mismo, me niego a olvidarlas y vuelven a mí cada cierto tiempo. Otras veces son fotografías de mi infancia: mi abuela preparándome la leche de la merienda; mi abuela meciéndome en su barriga, mi colchón; mi abuela llevándome al mercado con ella; mi abuela cacareando con sus vecinas en el banco de madera de nuestro jardín; mi abuela en el balcón del apartamento de Cullera mirando el mar.

Mi abuela, siempre, en cada momento y en cada lugar, eterna en mi vida.

Era consciente de la inminencia de su marcha, marcha que diez años atrás me parecía tan remota; e imagino que, aunque instintivamente, en todo momento supe que asumía ese hecho como algo natural a lo que tendría que hacerle frente, tarde o temprano. Nadie se escapa, por suerte o por desgracia. Sin embargo, no por más esperado termina siendo menos desolador.

Ahora, casi un año más tarde, hago balance y compruebo que el proceso de duelo y de superación del mismo ha llevado un curso del que puedo sentirme muy orgullosa. Me he permitido sentir la aflicción cuando llegaba, llorando, abrazando su ropa cuando todavía colgaba en el armario, sentándome en su cama; y me he rehecho cada vez, tomando por las riendas mi vida y siguiendo adelante, aunque estuviese más perdida que un pulpo en un garaje. He disfrutado de las alegrías, de los momentos con las personas que quiero, me he reído y he tenido mis ratos de felicidad plena y absoluta, muchos de ellos gracias al gusto de estar en casa, en silencio, disfrutando de la soledad, de mí misma y de la despreocupación, a pesar de lo mucho que echo de menos verla sentada en su sillón, que tampoco está ya, delante de la tele.

Vivir es un constante vaivén: es resistir al viento racheado de ochenta kilómetros por hora en pleno invierno y regocijarse con la suave brisa cálida de la playa en verano; es conformarse con el yogur y la pechuga de pavo durante la enfermedad y ponerse hasta arriba de chupitos de orujo en tiempos de salud; es sobrellevar estoica las distancias que se cuentan en kilómetros y caer rendida en los brazos del ser querido cuando por fin se encuentra a sólo unos centímetros. Hay que aceptarlo todo de frente, bueno y malo, hay que abrazarlo, dejar que forme parte de nosotros y aspirar, en la medida de lo posible, a que nos haga estar mejor preparados para lo próximo que haya de venir.

Ignoro lo que me aguarda en el futuro. Espero que, como auguraba mi ángel del autobús, en el marcador al final del partido, ganen las cosas buenas por goleada. Y abrigando esa esperanza dirijo mis pasos, aún un poco errante y dubitativa, con un rumbo nada definido, más quizá por cobardía que por desconocimiento. Sin embargo, con eso me basta, de momento. Las cosas se irán asentando poco a poco, yo volveré a encontrarme segura y entonces todo tendrá algún sentido, una lógica que, probablemente, contenga algunas de las respuestas a los interrogantes que me acompañan en este presente.

La tarde después de su entierro lloré, lloré desconsoladamente. Mi madre abrazaba mi cabeza, apretándola contra su pecho, mientras yo dejaba que me saliera todo lo que llevaba acumulado desde casi cuatro días antes. Los quejidos se me ahogaban entre las lágrimas y el aliento, pero en cuanto cogía aire, volvía a gritar con lamentos que soltaba desde muy dentro de mí. Nunca me había sentido tan abatida. Fue la única vez. El resto de lágrimas vertidas no han sido desde ese dolor lacerante, sino desde algo mucho más sereno.

Ahora contemplo su lápida, sita en un nicho a segunda altura de una calle donde siempre da el sol. Allí mismo también yacen mi abuelo y su hijo mayor. Es una mañana cualquiera, nadie más ronda por allí, sólo se oye el trino de los pájaros y, de vez en cuando, el motor de un cortacésped. Su imagen, sacada del retrato que nos hicimos las dos, una fría mañana de enero, y que preside la librería de mi salón, me hace sonreír. Verla contenta me llenaba de alegría, porque no era una mujer especialmente risueña. Paso la yema de mis dedos por su foto y musito, como si la tuviese allí delante: *"Yaya"*. De repente, se me ha puesto un nudo en la garganta y noto cómo se me humedecen los ojos, pero continúo sonriendo:

"Yaya, no quiero dejar de llamarte". Una sola lágrima, solitaria, cae tranquila a lo largo de mi mejilla hasta ir a besarme la comisura de los labios, allí donde empieza mi sonrisa: *"Te quiero"*. Me quedo allí un par de minutos más y me voy.

A pocos metros, me detiene una señora. Tendrá unos setenta años, de baja estatura, lleva un papel en la mano con unos datos escritos: el número de la sección, el número de la columna y el nombre de Adelaida López Baixauli.

—Perdone, señorita, ¿podría decirme si este nombre aparece en aquella lápida de ahí arriba? —me pide con un cierto aire de preocupación.

Miro en la dirección que me indica con sus ojos y compruebo, aunque la lápida es muy antigua y las letras están medio borradas, que el nombre allí tallado es el mismo que está escrito en el papel, y así se lo hago saber a la señora.

—Ay, bonica, ¿te importaría subir y poner allí estas flores? —La señora me enseña un manojito de pequeñas flores de plástico; su mirada se humedece—. Era mi abuela. Soy la única persona que viene a verla.

Vuelve a mi garganta el nudo de emociones al contemplar a aquella señora visiblemente conmovida ante los restos de su abuela, tal y como yo lo había estado pocos minutos antes frente a los de la mía. Qué cosas tiene la vida a veces.

Tomo el pequeño ramillete de su mano, acerco una escalera que hay allí mismo y subo a ponerle las florecillas a la señora Adelaida. Su nieta, abajo, me agradece una y otra vez que haya tenido la deferencia de hacerle ese favor. Cuando vuelvo a pisar tierra, le tomo las manos.

—No me dé las gracias, es un placer. Yo también soy nieta. Entiendo perfectamente lo que significa para usted venir aquí y hacerle esa ofrenda a su abuela. La mía está allí —le digo señalándole el lugar.

La señora me estrecha las manos, sonriendo con la mirada brillante. *"Ven que te dé un beso"*, me dice. Después, encamino mis pasos hacia la puerta principal del Cementerio General de Valencia, paseando tranquilamente, mirando a uno y otro lado las hileras de nichos, lápidas novísimas junto a los restos pétreos donde apenas se leen los nombres. Pasada la pequeña iglesia, a ambos lados del pasillo central, se erigen los mausoleos, coronados con pináculos góticos, y las tumbas de hace más de un siglo, a las que ya nadie acude a poner flores. En una de ellas, la estatua de un perro tumbado recuerda al fiel compañero que murió de pena sobre los restos de su amo. A veces me da la sensación de que los cementerios están llenos de historias que se quedaron sin contar y que están esperando a alguien que quiera ponerles palabras.

Ya en el coche, bajo las ventanillas y subo el volumen de la música. Llevo un recopilatorio grabado por mí misma con canciones, como diría Almu, *buenrollistas*, de las que suben la moral: una mezcla de remixes para salir de fiesta, de ritmos bailables, éxitos en las listas de las radiofórmulas, cantados por artistas internacionales muy conocidos en las pistas. Soy bastante ecléctica en cuanto a lo que escucho, aunque hay estilos que no me van en absoluto, pero estas canciones hacen que me venga arriba muy fácilmente, lo cual, después de haber salido del cementerio, es muy de agradecer.

Conduzco por la ronda sur, rodeando Valencia, hacia la Ciudad de las Artes y de las Ciencias. Son las cinco de la tarde y no me apetece nada volver a casa. Hay días en que el techo se me cae encima y necesito, no sólo perderme por las calles, sino incluso, hacerlo en completa soledad. Por eso la Tula se ha quedado en su colchoneta durmiendo la siesta; por eso y porque no me la puedo llevar a según qué sitios públicos. El mundo exterior me reconecta con el presente. Los días en los que necesito imperiosamente salir se dan después de demasiado tiempo de abstracción mental, entre los recuerdos pasados y los anhelos futuros.

Muevo la cabeza al ritmo de cada canción que va sonando, acompañando con castañetas cuando me toca parar en los semáforos. Me siento de buen humor. Lo que queda de septiembre se parece mucho a lo que tuvimos en agosto, los días aún son largos y las calles siguen llenas de gente. Cruzo el puente Assut d'Or, giro la rotonda y enfilo el río hacia el Palau de la Música. Voy dejando atrás la prolongación del paseo de la Alameda, a la derecha, y las copas de los árboles del lecho del río Turia, a la izquierda. Conduzco tranquila, dejando que los ansiosos me adelanten. A la altura del puente de Aragón, tomo la avenida homónima, hasta Blasco Ibáñez, donde, milagrosamente, encuentro aparcamiento enseguida. Nada más bajar del coche, me dejo embelesar por la espesura del follaje, allí en el parterre central. Definitivamente, el otoño aún no ha llegado. Enseguida, paseando, me acerco hasta los jardines de la calle Guardia Civil con la intención de entrar en el Café de las Luces. Elijo una mesa junto al ventanal, me siento y saco el libro del bolso.

—Hola, ¿qué te pongo? —me atiende la camarera.

—Un batido de frutas, por favor. —Le sonrío y ella se retira de inmediato.

Todavía no he terminado de abrir el libro por donde se encuentra el punto de lectura, cuando levanto la vista y ahí está, al otro lado del cristal, en la terraza del mismo café, tomándose una infusión con un cubito de hielo; con su sonrisa amplia y sus brillantes ojos castaños fijos en mí. El corazón me da un vuelco de alegría y, casi instantáneamente, mi cabeza deja atrás las dudas que me había causado la ausencia de mensajes en las últimas semanas. Me giro hacia la camarera.

—Disculpa… Llévame el batido a esa mesa de ahí, si eres tan amable —le pido.

Por la noche el aire es claramente más fresco. Ésa es la diferencia con agosto y, al mismo tiempo, la señal de que el cambio de estación anda próximo. La Tula y yo volvemos a casa después de un paseo de una hora por el barrio. Caminaba con los pinganillos enroscados en los oídos, escuchando la música que llevo en el móvil, absorta en mis pensamientos. Cuando ya llegábamos a casa, hemos visto a Cane y a su dueña y hemos estado hablando un poco. Sigo de buen humor, canturreo por lo bajini algunas de las canciones que voy escuchando y rememoro constantemente la bonita coincidencia de esta tarde.

Cuando llegamos a casa ya son más de las nueve. Aún es pronto para cenar, así que decido llamar a mi tía abuela. Hemos continuado teniendo contacto a lo largo de estos meses; incluso fui a verla un fin de semana al pueblo, un viaje de ida y vuelta. Ella es lo único que me queda de su hermana, su parecido, su acento baturro, sus andares. En cambio, es distinta, se nota que es más joven, que tiene hábito de lectura y nietas jóvenes que le dan vida; las conversaciones con mi tía abuela son diferentes a las que tengo con todas las demás personas y eso me encanta.

—¿Diga? —Me la imagino con sus gafas, mirando la tele o preparándose la cena, justo antes de que sonase su teléfono.

—Hola, tía —le digo con la cantilena propia de los saludos cariñosos.

—Oye, ya era hora —me regaña bromeando. —Que me pensaba que ya te habías olvidado de mí.

—¿Cómo me voy a olvidar de ti? No te preocupes, que tarde o temprano, yo te llamo, ya lo sabes. —Me pongo zalamera.

—¿Cómo estás, hija?

—Bien, bien... Tirando —le respondo sonriendo.

Mi tía y yo hablamos, durante media hora, de cómo estamos

todos por aquí, de cómo están todos por allí, de si por fin me he echado novio, del trabajo y de todo lo que se nos exige ahora, de que la formación ha de ser continua, de que nada es suficiente. Comparamos la situación con su época, cuando lo máximo a lo que podía aspirar una mujer era casarse y tener hijos. Reflexionamos sobre la nula libertad que había antes para unas cosas y la poca que queda ahora para otras. Y concluimos en que, de algún modo, pagamos un precio muy alto por algo que en realidad no existe, aunque es innegable que la vida ahora es mucho mejor que hace décadas. Me desea suerte, como siempre hace, y nos despedimos con un beso fuerte.

No enciendo la tele, esta noche prefiero disfrutar de este silencio externo a mí, porque bastante bullicio tengo ya dentro de mi cabeza. Es curiosa la transformación sonora de esta casa, donde antes la TV siempre estaba encendida, llamaban a la puerta, sonaba el teléfono fijo, el andador de mi abuela arriba y abajo, las voces de las visitas... Y ahora, los coches de la avenida fuera y el silencio dentro. Pienso en ella y en sus sonidos. El silencio los hace más evidentes. Y siento cómo la echo de menos desde este dolor sosegado, ya no tan punzante. Qué cosas tan contradictorias, pero tan comunes: escuchar sonidos en el silencio; sentir el dolor en la calma; llorar sonriendo.

A ritmo lento, me preparo una ensalada ligera que acompaño de agua fría para beber. Puedo oír a la Tula devorando su pienso, que parece que le mate de hambre. Éste es otro síntoma de que el tiempo está cambiando: durante el verano sólo come una vez al día y lleva un par de semanas zampándose dos boles colmados. Me siento en la mesa del salón y enciendo la vela que he colocado en el centro. Me gusta el ambiente de intimidad que crea una simple mecha prendida en medio de la oscuridad de la noche. Mientras ceno, mi mente regresa a la tarde que he pasado en el Café de las Luces.

No creo en el destino en cuanto a que todo esté ya escrito y seamos meras marionetas realizando acciones prediseñadas sin ningún tipo de arbitrio. Pero tampoco pienso que hagamos camino al andar, como decía el maestro sevillano. Sospecho que en el fondo se trata de una especie de término medio, que gozamos del libre albedrío para elegir el sendero que andar; pero el trazado ya está hecho. A menos que seas un genio y te decidas a desviarte campo a través, creando uno nuevo, como decía aquel profesor; un genio soñador, valiente y decidido. Pero optar por tomarme un batido una tarde cualquiera mientras paso un rato de lectura en un café, a mi rollo, sin compañía, no es ningún tipo de decisión valiente que implique grandes anhelos. ¿Será el destino, pues, o simple casualidad que fuésemos a coincidir en el mismo sitio a la misma hora?

—Me alegro de verte —me dijo, con más cercanía de la que esperaba.

—Igualmente. Ya no estaba segura de si iba a poder devolverte la invitación.

—Lo siento, cuando empieza el curso voy de cráneo. Me pillas aquí porque estoy esperando a mi hija, pero en cuanto me avise me tengo que ir.

—No te preocupes —le respondo sonriendo.

—No contestaste a mi último email. Tengo curiosidad sobre qué es lo que has decidido.

—Pues lo he estado meditando mucho. Y creo que voy a hacerte caso.

—Yo no soy quién para dar consejos, pero me parece una buena opción. —Ha cambiado su tono de voz, me habla como si fuera su hija.

—Me gusta. Voy a intentarlo y a ver qué sale.

No duró mucho más la cosa. Le sonó el móvil, se despidió gentil, con el encanto que le caracterizaba, y se marchó. Pasé el resto del batido sin tocar el libro de lectura que me había llevado. Miraba a los niños jugar en el parque situado junto a la terraza mientras le daba vueltas al encuentro en la tetería, mes y pico antes, cuando me dijo que le gustaban las historias que destilaban autenticidad. Y entonces me lo dijo, sin parpadear, apuntando con sus pupilas al fondo de mi mirada, como una sentencia: *"Escribe sobre tu abuela"*.

Termino de cenar. Me encantan las ensaladas; aunque suelen recomendar no tomarlas por las noches, a mí me sientan bien. Retiro el plato y los cubiertos, recojo un poco la casa y me quedo, durante unos minutos, plantada en medio del salón, cuestionándome qué hacer. Me sorprendo sintiendo miedo, el miedo que da el vértigo ante un reto tan importante; el miedo de todo lo que se removerá si decido tirar adelante con la idea; el miedo a no estar a la altura; el miedo a no salvaguardar el tremendo respeto que me impone semejante proyecto. La Tula me mira, interrogante, a ver cuál será mi próximo movimiento. Y no sé si es la energía que desprende su mirada, pero me decido a dar el paso.

Cuando me siento delante del portátil, vuelve a mi mente el instante en que vi su sonrisa al otro lado del cristal del Café de las Luces y desaparecieron todas las dudas sobre aquella relación.

Después de madurar mucho sobre este breve reencuentro experimentado después de veinte años, me he dado cuenta de que las personas que entran y salen de nuestras vidas, lo hacen por algo. Tienen un rol, una misión. Llegan, la cumplen y se van. Con algunas, como es el caso, es desesperante porque quisieras disfrutarlas más. Pero lo cierto es que cuando encuentras esa función por la que vinieron, te alivia. Encontrarle el sentido te libera y es mejor que comerse la cabeza sobre por qué la gente se acerca para luego alejarse. Así que tal vez sea una solución pensar que si reapareció en mi vida fue para darme este empujón. Y punto. Lo siguiente ha sido no esperar nada más. Y es sorprendente comprobar lo bien que se vive así.

Octubre está a punto de llamar a la puerta. Éste será mi tercer intento creativo en seis meses, después de dos fiascos que no creo que vuelva a retomar en la vida. Siento que corro y corro, agotando mis energías, sin avanzar apenas, y el tiempo está a punto de alcanzarme, sobrepasarme y dejarme atrás, como siempre, como tantas otras veces antes, con mi carrera, con mis relaciones, con los hijos que ya no tendré, con la vida. A pesar de ser una persona bastante puntual, tengo la sensación de haber llegado tarde a todo.

Y ahora, ahí está: la página en blanco y el temido cursor.

Cojo aire. Siento el miedo, pero yo puedo con él. Repaso mentalmente el último año. Ahora soy más fuerte, me he encontrado, me tengo. Adelante, pues. Me dispongo a abrir la mente, el corazón y todas mis glándulas sensoriales. Pienso poner todo el esmero, todo el cuidado en cada palabra, en cada párrafo, en cada mensaje. No sé cómo lo voy a hacer. Pero lo voy a hacer.

Miro al cielo negro a través del balcón de mi dormitorio, vislumbro el brillo de una estrella y se me escapa un susurro: *"Va por ti, yaya"*.

Y comienzo a escribir:

"Primera parte

—No, hija. A nosotras nunca nos preguntó nadie qué queríamos en la vida. Hicimos lo que teníamos que hacer: casarnos, tener hijos y criarlos. Y fregar."

Agradecimientos

Gracias a mis primeros lectores (vosotros sabéis quiénes sois) por animarme a sacar este pequeño y especial proyecto adelante, por ayudarme a creer en mí casi tanto como lo hacéis vosotros y por rellenar, con algunas de vuestras críticas, la parte inferior de la contraportada.

Escribir un libro, habiendo como hay tantos buenos escritores y tantas buenas historias pululando por las estanterías del mundo desde hace siglos, era un reto muy osado, demasiado grande para mí. Pero, por otra parte, si todos esos buenos escritores, en su día, hubiesen pensado lo mismo que yo, no tendríamos sus buenas historias. Gracias a ellos, pues, por inspirarme.

Y a ti, nuevo lector, no sé si este relato te servirá, te conmoverá o te dejará indiferente. En cualquier caso, gracias por el voto de confianza.

Vicente Ruiz, 2017